Kerstin Wendel

Was heißt hier „schön"?

Eine Frau findet ihre Lebensspur

BRUNNEN
Verlag Giessen · Basel

Kerstin Wendel, Jg. 1965, verheiratet mit Dr. Urich Wendel, zwei Kinder, Studium der Fächer Deutsch und Musik für Sekundarstufe 1. Nach einigen Jahren im Schuldienst heute tätig als Familienfrau, Pastorenfrau sowie als Instrumentallehrerin, Autorin und Referentin.

© 2010 Brunnen Verlag Gießen
www.brunnen-verlag.de
Lektorat: Petra Hahn-Lütjen
Umschlaggestaltung: Sabine Schweda
Umschlagfoto: shutterstock
Satz: DTP Brunnen
Druck: CPI – Ebner und Spiegel, Ulm
ISBN 978-3-7655-4073-8

Vor jedem steht ein Bild des,
was er werden soll;
solang er das nicht ist,
ist nicht sein Friede voll.
ANGELUS SILESIUS

Dieses Buch ist meiner Tochter Lisanne
und meinem Sohn Nils gewidmet – in Liebe.
Mein Herzenswunsch ist, dass Ihr gerne
eine Frau und ein Mann werdet,
zu Eurer Freude und zum Segen für andere.

Außerdem widme ich dieses Buch meinen Nichten und
Neffen Friederike, Marvin, Aaron und Lewin Klein
und darüber hinaus meinen jungen Bekannten und
Freunden Jana und Luisa Peter; Tim, Simon, Maren und
David Bauermann; Jenni und Johannes Hahn; Jan-Marco
Schomber; Viktoria Barth; Jonathan und Nils-Ole Weiß;
Kai Kopjar; Atabak Sahraei; Ronja und Hanna
Ahlbrecht; Daniela, Jana und Jonathan Schäfer;
des Weiteren den Kindern meiner Cousins und Cousinen.

Inhalt

Danke!

Danken möchte ich meiner Lektorin, Petra Hahn-Lütjen, für ihre konstruktive, ermutigende, einfühlsame Arbeit. Du bist eine wahre Bücher-Hebamme! Wir sind uns sehr nahegekommen durch dieses Buch.

Danken möchte ich Frau Dr. Eibach-Bialas, Fachärztin für Kinder und Jugendpsychatrie und -psychotherapie, die so freundlich war, mein Manuskript zu lesen. Durch Ihre hilfreichen Gedanken hat mein Buch noch mehr Klarheit gewonnen. Ihre Ermutigung hat gutgetan.

Danken möchte ich den „Durchschauern" meines Lebens. Ihr, die Ihr meinen Weg begleitet habt und es noch tut, Ihr wisst, was mir das bedeutet. Danke Euch, dass Ihr an mich geglaubt habt, als ich meine Spur noch nicht gefunden hatte oder mich auf Seitengleisen versuchte.

Danken möchte ich den vielen Frauen, die mir Einblicke in ihr Leben oder ihre Veränderungsprozesse gegeben haben. Ihr seid ein Puzzleteil dieses Buches. Danke für Euer Vertrauen. Ich bin so froh für das, was sich bei Euch tut. Und denjenigen von Euch, die Ihr noch vor Veränderungsschritten steht, wünsche ich Aufbruchstimmung. Ihr werdet „schön"!

Danken möchte ich den Frauen, die zum Teil viel schneller als ich klar, aufrecht, schön und sicher Spuren ziehen konnten. Es tut so gut, echte Vorbilder zu haben.

Danken möchte ich meinem Mann, Uli. Du hattest keine Angst vor einer Frau, die nach und nach anders wurde: klarer, schöner, stärker. Wie gut! Danke für das Unterwegssein mit Dir auch durch unsere Stürme hindurch. Danke für Deine Offenheit, Deine Neugier, Dein tragendes „Ja" und Deine Geduld.

Und außerdem danke für Deine kritischen Anfragen aus Männersicht sowie Dein Geschick mit dem Computer.

Danken möchte ich Gott. Du hast mir eine „zweite Chance" ermöglicht, wie Gordon MacDonald zu sagen pflegt. Kann nicht mit Worten beschreiben, wie froh ich darüber bin.

Einleitung

Was ist passiert, wenn Sie plötzlich mitten im Alltag zwischen Pizza backen und Telefonhörer abnehmen eine Unzufriedenheit spüren: *Was mach ich denn hier eigentlich?!* Oder was ist, wenn Sie während des Aufräumens in Ihren eigenen vier Wänden flüchtig in den Flurspiegel schauen und denken: *Ich sehe ziemlich unmöglich aus!*

Vielleicht ist dann die Zeit für dieses Buch gekommen.

Unser Leben zeigt uns, dass wir nicht immer „einfach so" glücklich mit uns selbst sind. Manche von uns Frauen sind unsicher. Manche fühlen sich innerlich leer. Manche fühlen sich vielleicht sogar hässlich, in heimlichen Stunden. Von wegen: „Frauen sind schön!"... *Ja, viele Frauen sind schön, aber ich doch nicht.* Außerdem: Was heißt hier „schön"?

Manche von uns sind auf der Suche. Manchmal wissen wir noch nicht mal, wonach wir eigentlich suchen sollen.

Ich kenne diese Unzufriedenheit mit mir selbst. Auch ich wusste lange Zeit nicht, wonach ich eigentlich suchen sollte.

Irgendwann gab es ein Pack-Ende. Ich hab den Teig liegen gelassen und den Telefonhörer aufgelegt. Ich habe mich stattdessen auf eine innere Reise begeben. Dabei habe ich viel Spannendes erlebt. Dieses Buch erzählt davon.

Dieses Buch will **ermutigen.** Es will Frauen ermutigen, sich selbst auf die Spur zu kommen. Jede von uns ist ein einzigartiges, schönes Geschöpf. Wie ich das meine, lesen Sie noch.

Dieses Buch will **entlasten.** Es will helfen, sich zu verabschieden von alten, eingefahrenen Wegen oder Gedanken. Es will helfen sich zu verabschieden von Zeiten, in denen wir unter unseren Möglichkeiten gelebt haben. Jede von uns hat heute Spielraum. Und morgen auch noch.

Dieses Buch will **entfesseln**. Es will Möglichkeiten aufzeigen, noch nicht Entwickeltes zu entdecken. Jede von uns hat noch etwas in sich schlummern, das gelebt werden möchte.

Dieses Buch will **erzählen**. Ich erzähle aus meinem Leben und aus dem Leben von Frauen, die mir lieb und wert sind.

Sie werden später wieder Pizza backen und telefonieren. Aber Sie werden es als eine andere tun.

Liebe Leserin, lassen Sie sich mitnehmen auf eine Reise, die immer wieder ankommt. Bei Ihnen kommt sie an. Auf dieser Reise werden Sie Ihre Erfahrungen machen. Und sich verändern.

Ja, wenn alles gut geht, werden Sie sich verändern beim Lesen diese Buches. Irgendwann schauen Sie in Ihren Flurspiegel und werden sich gerne darin sehen. Oder Sie nehmen den Telefonhörer ab als eine zufriedene Frau, die sehr wohl weiß, was sie da gerade tut.

Vielleicht finden Sie Lebensspuren wieder, die Sie verloren hatten. Oder Sie finden in eine Lebensspur hinein, die Sie noch nie zu gehen gewagt haben.

Vielleicht passiert auch etwas anderes. Mal sehen!

Kerstin Wendel
Marburg, im Spätsommer 2009

1. Frauen auf Entdeckungstour

Sie haben sich vielleicht gerade mit einer Tasse Tee auf Ihr Lieblingssofa zurückgezogen, um mit der Lektüre dieses Buches zu beginnen. Da lade ich Sie bereits dazu ein, das Buch wieder aus der Hand zu legen: Betrachten Sie sich doch mal eben von den Zehen, vielleicht rosa lackiert, vielleicht versteckt in warmen Socken, bis zu den Haarspitzen, vielleicht gefärbt, ergraut oder mit zahlreichen Haarspangen kunstvoll versehen. Und, was sagt Ihnen Ihr Blick? Gibt es da Erfreuliches, Bewundernswertes? Gibt es da Einzelheiten, die Ihnen vertraut sind, die Sie aber lieber anders hätten?

Vielleicht ist dieser Blick auch gar nicht zum Aushalten. Dieses Gefühl kenne ich. Früher war er mein häufiger Begleiter, dieser Blick, der sich nicht ansehen mochte. Heute kann ich mich meistens gern anschauen. Na ja, vom verschlafenen Neujahrsmorgen mal abgesehen.

Ach, jetzt haben Sie doch weitergelesen, stimmt's? Wissen Sie, was ich immer wollte? Blonde, lange Haare wollte ich. Nicht sehr kraus, nur ein wenig gewellt. So sollten sie sein. Und was habe ich? Ganz glatte Haare, eindeutig glatt! Und die auch nicht in üppigen Mengen.

Weil sie nicht so waren, wie sie sein sollten, habe ich versucht, meine Haare „so" zu machen. Dauerwellen, das kennt man ja. Irgendwann habe ich gemerkt, dass auch diese aufwendige Prozedur mir nicht geholfen hat, mich annehmen zu können. Da habe ich's gelassen. Die Sache mit den Wellen, meine ich.

Verstehen Sie mich jetzt nicht falsch: Ich finde es toll, mich mit Hilfe von Drogerie und Co. zu verschönern. Aber manchmal nützt das alleine nichts. Mit meinen glatten Haaren habe ich mich übrigens versöhnt, als ich 37 war. Immerhin! Mit 37 habe ich es gelernt, den Blick auf meine Haare auszuhalten. Es ist eben nie zu spät!

Ist das nicht fabelhaft? Es ist nie zu spät, mit sich selbst weiterzukommen. Es ist nie zu spät, den Blick doch auf sich selbst zu richten, auch wenn das vielleicht erst mal nicht begeisternd und faszinierend ist. Faszinierend sind ... die anderen, nicht wahr? Sie können jetzt sicherlich eine Menge Frauen benennen, die „es" haben: Schönheit, Selbstbewusstsein, Kraft, Stärke, Intelligenz, Charme, Ausstrahlungskraft, Begabungen. Und Sie? Sie werden gleich nach dem Lesen wieder Geschirr abspülen oder der Großen bei den Matheaufgaben helfen oder Ihrer Nachbarin die Zeitung reinholen. *Was ist das schon!,* denken Sie vielleicht.

Oder ist das etwa ganz viel? Weil **Sie** es tun!!! Eine ganz normale Frau tut es. Aber eben eine Frau. Mit all der ihr anvertrauten Schönheit, Begabung und den Chancen, die jede von uns hat.

Dieses Buch wird Sie immer wieder auffordern, Ihren Blick auf sich selbst zu richten. Und vielleicht wird im Laufe des Lesens etwas Wunderschönes passieren, nämlich, dass Sie diesen Blick aushalten. Vielleicht werden Sie Anregungen erhalten, die Sie für Ihr Leben übernehmen wollen, vielleicht Gedanken, die Ihnen helfen, Gutes von sich zu denken. Vielleicht können Sie alte Bilder verabschieden, wie „frau" zu sein hat, und sich dadurch erleichtern. Vielleicht ergreifen Sie Chancen, sich tiefer zu erkennen und sich tiefer annehmen zu können. Vielleicht kommt Neues aus Ihnen heraus. Und Sie staunen irgendwann: *Ach so, das bin ich!* Dann haben Sie sich selbst erkannt und entdeckt und weiterentwickelt. Identität ausbilden nennt man so etwas. Es bedeutet: zu wissen, wer ich bin und wer ich nicht bin.

Vielleicht ist Ihnen jetzt unbehaglich geworden. *Ja, diese Gedanken über sich selbst, gehören die nicht in eine ganz andere Zeit hinein? In die Zeit des Erwachsenwerdens?* Lassen wir das einfach mal beiseite. Unsere Wirklichkeit zeigt, dass in vielen von uns Frauen eine große Unsicherheit lebt. Wir sind scheinbar so früh erwachsen, jedenfalls geschlechtsreif, sind so emanzipiert, können uns so vieles erlauben, und dennoch … Dennoch sind viele von uns nicht so richtig glücklich mit sich selbst.

Dann kaschieren wir und sorgen für eine oberflächlich einwandfreie Hülle. Das bekommt frau selbst mit wenig Geld ganz gut hin. Oder wir verdrängen und bejammern und vertrösten uns. Da sind die, die sich völlig verausgaben, die keinerlei Rücksicht auf sich selbst nehmen. Da sind die, die mit großer innerer Teilnahmslosigkeit das tun, was zu tun ist – das Busfahren, das Arbeiten, das Kinderkriegen, selbst das Entspannen. Da sind die, die die Hosen anhaben. Nichts gegen Hosen …, ich mag sie sehr. Aber ich meine damit diejenigen, die sich mit äußerer Härte zu behaupten suchen, sei es in Chefetagen oder in der großen Politik oder heimlich zu Hause ihren Männern gegenüber. Da sind die Kranken – die Übergewichtigen und Untergewichtigen – die Süchtigen und die Obertüchtigen. Und da sind die Gezähmten: keine Cellulitis, kein Pfund zu viel, äußerlich ein Traum von gepflegter Frau. Wenn nur die Augen nicht wären. Die schauen oft so trostlos und leer.

Sind Sie eben vorgekommen? Ich bin es auch.

Sie wissen es ja bereits von mir: Mit 37 habe ich angefangen, den Blick auszuhalten. Ob das leicht war? Nein, das war es nicht. Aber welche Möglichkeiten hatte ich?

13

Es gab nur zwei: So weitermachen wie bisher. Augen zu und durch. Oder: Augen auf und mir standhalten! Mein Leben für so wertvoll achten, dass ich Dinge verändern will oder verändern lasse. Auf diesen feinen, kleinen Unterschied werden wir später noch kommen.

Natürlich hätte ich auch so weitermachen können wie bisher. Aber für mich kam eine Zeit, die wie ein Spiegel für mich war. Eine Spiegelzeit. Und weil mein Spiegelbild mich so erschreckte und traurig machte, habe ich auf Kraft gehofft, neu durchzustarten.

Mit 37 fühlt man sich eigentlich zu alt dafür, sich noch groß zu verändern. Mut gemacht dazu haben mir andere Frauen. Ich fing an, sehr genau zu beobachten, und entdeckte Frauen in meinen Freundschaften und Bekanntschaften, die zum Teil wesentlich älter waren als ich. Und … die veränderten sich! Puh! Wenn die das mit 61 konnte, wie sollte ich dann mit 37 sagen: Nein, nach dem schrecklichen Blick in den Spiegel meines äußeren und inneren Lebens mache ich trotzdem so weiter wie bisher!? Das ging irgendwie nicht mehr.

Vielleicht sind Sie weder 37 noch 61, vielleicht sind Sie erst 21: Ich möchte Ihnen Mut machen. Ihr Alter ist nämlich überhaupt nicht entscheidend.

Entscheidend ist, ob Sie so viel Selbstachtung haben oder haben wollen, dass Sie Entscheidungen zum Guten für sich treffen wollen. Die Grundentscheidung heißt: Ich will mich selbst genauer kennen- und auch lieben lernen. Wenn Sie diesen Satz für sich denken können, dann haben Sie schon begonnen! Das wird sehr spannend werden. Das kann ich Ihnen sagen. Vielleicht brauchen Sie jetzt unbedingt noch eine zweite Tasse Tee, um weiterlesen zu können. Oder Sie brauchen eine Pause.

Es ist wirklich so: Den Blick auf uns selbst wirklich auszuhalten, fällt vielen von uns Frauen schwer. *Mensch, bei den dunklen Haaren an den Beinen und den Speckröllchen am Bauch!* Wir sind tief in unserem Inneren oft gar nicht so glücklich mit uns selbst. Die Entscheidung, uns genauer anzusehen, lieben zu lernen und alles, was zu uns gehört, auch zu leben, können wir unabhängig von unserem Alter jederzeit treffen. Nichts anderes meint das Fremdwort: Identität ausbilden.

Das wird ein spannender, persönlicher Weg.

2. Frauen sind erst mal Mädchen

Es könnte in Ihrem Badezimmer stattfinden oder in dem von Schneiders nebenan, vielleicht auch bei Ihren Freunden. Die haben drei Kinder. Das Mädchen ist 13 Jahre alt …

Sie steht vor dem Spiegel und kämmt und ordnet und probiert Scheitel und Haargummis. Natürlich dauert das schrecklich lange, und der Streit mit den Geschwistern ist vorprogrammiert. Da wollte einer nur mal eben den Mund ausspülen nach dem Zähneputzen. Na, das lassen wir mal außer Acht. Wir sind jetzt ganz bei dem Mädchen. Sie probiert vieles aus. Nicht nur Haargummis. Jetzt ist die Zeit dazu. Sie ist gerade 13 Jahre alt.

Plötzlich will sie 'ne Spülung haben. Obwohl ihre Haare gar nicht strohig sind. Ist egal. Ist es nicht toll, dass sie sich pflegt?

Sie achtet auf Farben. Zieht nicht alles durcheinander an: Orange und rosa plus lila und schwarz käme bei ihr nicht vor. Sie guckt schon genau, ob das T-Shirt zur Jeans passt oder nicht. Ob sie sich das von jemandem abgeschaut hat?

Wenn sie mit ihrer Mutter zur Damensauna gehen kann, ist sie richtig glücklich. Kann sie zu Hause total albern mit ihren Geschwistern sein und Streiche aushecken, so ist sie im ruhigen Ambiente der Damensauna ganz gelassen, friedlich, entspannt, sanft. Manchmal ist sie schon fast eine Große, dieses Mädchen! Und ein anderes Mal probiert sie sich ganz stark aus und testet Mama aus und Papa und manchmal auch den Rest der Welt. Jetzt ist die Zeit dazu.

Wenn alles gut geht, dann ist eine Frau an ihrer Seite, damit sie sich das abgucken kann, was sie braucht und möchte. Manches will sie bewusst anders. Kann man verstehen. Im Winter bloß keine Leggins unter der Jeans anziehen, wenn Sport ist – wer weiß, was die andern sagen! Das kann man verstehen. (Obwohl natürlich trotzdem viele von uns Frauen dafür wären, dass sie die bei minus 3 Grad anzieht.)

Manches, über das nie gesprochen wurde, übernimmt sie und ahmt nach. Sie kümmert sich um jemanden, der es sehr nötig hat, sodass die Menschen ihrer Umgebung völlig überwältigt sind von ihrer Liebe und ihrem Verantwortungsgefühl. Alle Achtung! Was für ein tolles Mädchen!

Zunächst ist sie also ein Mädchen, die Frau von morgen. Zu Hause im eigenen Elternhaus begegnet sie zum ersten Mal und sehr intim einer Frau, ihrer Mutter, und ebenso begegnet sie im vertrauten Rahmen einem Mann, ihrem Vater.

Der Vater ist von Anfang an wichtig für das kleine Mädchen: Im Kleinkindalter, bereits ab dem sechsten Lebensmonat, hilft er ihr, sich aus der Symbiose, also aus dem engen Zusammenleben mit der Mutter zu lösen. Später, im Alter von drei bis sechs Jahren, wird er es sein, in den sich das kleine Mädchen auf kindliche Weise verliebt. Er ist einfach der beste und stärkste Papa, den es gibt!

Der Vater ist also von Geburt an durch die ganzen Mädchenjahre hindurch wichtig. Es ist wertvoll, dass er mit ihr spielt, ihr zuhört, ihre Prinzessinnenfrisur bewundert und das Poster mit den Ponys, sie mal ins Bett bringt oder sie tröstet, wenn sie krank ist. Irgendwann in der Pubertät kommt dann die Zeit, in der das Mädchen sich vom Vater zu lösen beginnt. Später wird sie so reif werden, dass sie sich einem Freund auf partnerschaftlicher Ebene zuwenden kann.

Und die Mutter? Die Beziehung zur Mutter ist noch länger besonders prägend für das Mädchen. Nach der Geburt baut die Mutter eine enge Beziehung zu ihrem Baby auf, das ihr ja im wahrsten Sinnes des Wortes schon lange ans Herz gewachsen ist. Die frühe Kindheit ist eine intensive Zeit für Mutter und Tochter mit viel Körperkontakt. In vielen kleinen Schritten wächst die Tochter aus großer Abhängigkeit heraus in immer größer werdende Selbstständigkeit hinein: Sie lernt laufen, sprechen, allein zu essen. Die Mutter begleitet ihr Mädchen durch die ganze Kindheit hindurch. Dabei verändert sich die Beziehung der beiden immer wieder. Durch Kindergarten, erste Freundschaften, später die Schule treten neue Beziehungen, Aufgaben, Herausforderungen in das Leben des Mädchens. Da heißt es für die Mutter, den Weg frei zu machen für eine gute weitere Entwicklung des Kindes.

Das bedeutet aber nicht, dass sie nun mit Beginn der Pubertät keine Aufgabe an ihrem Kind hätte. Nein, sie wird in diesem Alter besonders wichtig als Zuhörerin, aber auch als Ratgeberin bei typisch fraulichen Problemen. Gleichzeitig muss sie es aushalten, dass die Tochter jetzt mit ihr in Rivalität gehen wird. Es ist also nicht Gleichmacherei angesagt, sondern das Gegenteil. Ihr Mädchen muss sich mit ihr vergleichen: „Ich kann das jetzt genauso. Ich kann mich zum Beispiel genauso gut um jemanden kümmern wie du!" Und die Tochter muss sich auch von ihr absetzen: „Ich mache das aber anders. Walken ist nichts für mich. Ich brauche das Reiten, um vom Schulalltag abzuschalten."

Das Mädchen wird versuchen, seinen eigenen Stil zu finden. Das wird die Äußerlichkeiten betreffen, aber auch ihre inneren Seiten. Das Mädchen wird seine Gaben entdecken und seine Charaktereigenschaften entwickeln können.

Rote Haarsträhnchen, hohe Handykosten und die Wahl eines nicht ganz so passenden Hobbys sind sicher inbegriffen auf diesem Weg zu sich selbst. Die Mutter ist dabei an ihrer Seite und wird im günstigen Fall diese Entwicklung wollen und fördern, damit das Mädchen eine eigenständige, sich selbst bewusste und liebesfähige junge Frau wird.

Wenn Sie eine Tochter oder Patentochter haben: Sind Ihre Gedanken eben zu „Ihrer Großen" gegangen? Vielleicht ist sie schon älter und erprobt sich in einem neuen Beruf? Vielleicht ist sie gerade 12 geworden? Oder ist sie noch so klein, dass Sie nur ihr Ultraschallbild bei sich tragen?

Vielleicht sind Ihre Gedanken auch eine andere Zeitreise angetreten. Die Reise zurück, als Sie selbst noch ein Mädchen waren … Da stehen Sie plötzlich vor dem Spiegel, schneiden sich heimlich die Haare ab, weil Sie lange Haare unmöglich finden und unbedingt einen Pony wollen. Oder Sie erinnern sich an Ihre Großmutter, die Ihnen zu feuchte Küsse auf die Wange drückte und zu der Sie deshalb lieber Abstand hielten. Vielleicht fällt Ihnen auch kaum etwas zu Ihrer Mädchenzeit ein; und ebenfalls nicht zu Ihrer Mutter.

Natürlich war sie da. Aber Sie haben Ihre Mutter fast gar nicht wahrgenommen. Es war immer etwas zu tun. Vielleicht musste das Haus abbezahlt werden und Ihre Mutter hatte sich für eine Berufstätigkeit entschieden, um finanziell mitzuhelfen. Oder da war der elterliche Bauernhof, der Mutters Kräfte fast vollständig in Beschlag nahm. Oder Ihre Mutter war häufig krank. Vielleicht war sie auch mit den kleineren Geschwistern beschäftigt oder eine kühle Frau und innerlich distanziert. Jedenfalls war Ihre Mutter einfach nicht richtig spürbar und erlebbar. Sie ließ Sie zu wenig an sich heran. Für solche Äußerlichkeiten wie die Haarlänge des Ponys war doch gar keine Zeit. Die Mutter arbeitete viel. Und auch Sie mussten schon bald „mit ran". Natürlich waren Sie erst mal Mädchen, aber wie und wann Sie zur Frau wurden, das haben Sie gar nicht so richtig mitbekommen. Es geschah eben. Und nun sind Sie eine.

Vielleicht ist beim Lesen eben aus anderen Gründen Wehmut in Ihnen aufgekommen. Sie haben Ihre Mutter vermisst, obwohl sie da war. Sie war sogar zu viel da. Sie hätten sich manches gewünscht ... vor allem den Freiraum, Dinge auszuprobieren. Sobald Sie eine neue Freundin mit nach Hause brachten, hatte Ihre Mutter eine Meinung darüber. Sie hätten gerne das wunderschöne Vertrauen zu Ihrer Mutter gehabt, das Fehler erlaubt und Neuanfänge ermöglicht. Vielleicht hätten Sie selbst gemerkt, dass die Freundin nicht so gut zu Ihnen passte. Ja, da war zu viel Kontrolle. So gern hätten Sie Ihre eigenen Sachen machen wollen! Nach und nach. Aber ständig mischte Mutter sich in Ihr Leben ein, und da Sie es nicht anders kannten, dachten Sie viele Jahre lang, das sei normal und Zeichen eines guten Verhältnisses.

Weil Sie manches vermisst haben, haben Sie sich andere Vorbilder gesucht und glücklicherweise gefunden. Da war die jüngere Schwester Ihrer Mutter, die Ihnen die Pröbchen aus der Drogerie mitbrachte, und von deren heiterem Wesen Sie sich gerne anstecken ließen. Da war Ihre Freundin, die immer etwas weiter war als Sie. Von ihr schauten Sie sich ab, wie man denn mit Jungen umgehen kann. Sie war es auch, die Ihnen sagte, dass Sie unbedingt Ohrringe tragen sollten, weil die Ihnen so gut stehen. Sie sind froh über diese Vorbilder und fühlen sich auch relativ wohl in Ihrer Haut. Nur mit der Selbstsicherheit, da hapert es. Sie lassen sich ganz schön schnell aus dem Gleichgewicht bringen. Kann man da noch etwas machen? Das war doch schon immer so, denken Sie kurz.

Vielleicht ist auch Wehmut in Ihnen aufgekommen, weil es in Ihrem Leben keine positive Wende gab. Beim Lesen des Kapitels haben Sie eine große innere Leere gespürt. So etwas wie ein Vakuum. Natürlich haben Sie diese ganzen Worte schon einmal gehört: sich ausprobieren, vom Mädchen zur Frau werden, sich selbst finden ... aber für Sie persönlich klingen sie hohl und nichtssagend. Da sind wenig positive Erinnerungen, keine irgendwo gesuchten Vorbilder, keine gesuchten und gefundenen Wege – da ist Leere.

Ich kannte diese Gefühle. Es ist scheußlich, zu spüren, dass einem „etwas fehlt": Es ist deshalb so unerträglich, weil wir ahnen: Hier gibt es jetzt keine schnellen Lösungen. Das stimmt, die gibt es nicht. Aber es gibt eine Entscheidungsmöglichkeit; das ist die, von der ich am Anfang gesprochen habe: Sie können so weitermachen wie bisher oder Sie können die Bereitschaft spüren, sich verändern zu wollen und verändern zu lassen. Ich war 37, als ich spürte: Ich bin noch nicht ganz. Und genau das war meine Chance.

Ihre Chance beginnt heute. Wenn dieses Buch etwas in Ihnen anstößt, was sich nach Wachstum sehnt, dann ist das Ihre Chance. Das ist Ihr guter Weg, der sich anbahnt, und der ist möglich, ob Sie nun 21, 36 oder 61 sind.

Wir Frauen sind also erst mal Mädchen. In unserer Mädchenzeit leben wir normalerweise an der Seite unserer Mutter und erproben uns. Vielleicht proben wir den Aufstand mit rot gefärbtem Haar und Chaoszimmer inklusive Chipstüte unter der Bettdecke. Vielleicht verändern wir uns heimlich, still und leise und finden darin unseren Weg. Oder wir entfalten uns vom Mädchen zur Frau, indem wir sehr bewusst Übernommenes und Eigenes leben. Der Lippenstift von Mama ist schon okay. Der passt tatsächlich gut zu unserer Haut. Aber im Gegensatz zu ihr kaufen wir fair gehandelten Kaffee. Das will Mama einfach nicht in den Kopf, warum das wichtig ist.

Wenn Sie spüren, dass dieser Weg vom Mädchen zur Frau nicht so gelungen bei Ihnen verlief, haben Sie die Chance, sich noch weiterzuentwickeln. Unmöglich? Nein, möglich! Ich habe das miterlebt. An mir selbst und an anderen. Warten Sie mal ab!

3. Frau und doch nicht Frau – Ich und doch nicht Ich

Wir planten den Sommerurlaub. An die Nordsee sollte es gehen. Ich wollte eigentlich nach Langeoog. Wir hatten schon allerhand Verlockendes gehört. Und jetzt während der Vorüberlegungen war es wieder da, dieses tief in mir sitzende Gefühl der Unsicherheit.

Sollen wir das wirklich machen? Was ist, wenn mein Sohn Ohrenschmerzen bekommt wegen des Windes? Außerdem kostet die deutsche Nordsee mehr wegen Kurkarte und Fähre. Wie weit ist denn eigentlich der Weg zum Wasser? Will ich nicht eigentlich lieber wohin, wo wir kurze Wege zum Strand haben?

Abwägen. Ganz normal. Aber partout an kein Ende kommen mit meinen Gedanken? Nicht normal. Vor allem nicht schön, sondern anstrengend, mühsam. Immer auf der Suche nach noch etwas Besserem, noch etwas Passenderem. Ich war einfach auch unentschlossen. Das „Achsel zucken, ich weiß nicht"-Gefühl! Vor lauter Abwägerei zieht das Leben vorbei – in Langeoog und weit weg davon in meinem Alltag, weil ich nicht bei der Sache bin. Immer beschäftigt mit irgendwelchen Gedanken.

Meine Unsicherheit war also das Erste, was mir irgendwann auffiel. Die gab es auch auf vielen anderen Lebensgebieten: Ich hatte studiert, übte einen Beruf aus, aber ich fühlte mich tief im Inneren total unsicher und schwankend. Und wenn ich ganz ehrlich war, dann gab es eigentlich wenig, wo ich mich ausgeglichen, sicher, auf gutem Terrain fühlte. Die Kinder fragten etwas, ich musste eine Antwort geben. Kaum war sie gegeben, da wollte ich sie eigentlich schon wieder zurücknehmen. Oder ich gab „harte Antworten" mit wenig Spielraum. Das war ein guter Selbstschutz, um dieser für mich ständigen Herausforderung zu entgehen. Manchmal wollte ich mit alten Bekannten telefonieren. Aber was sollte ich sagen? Eigentlich war ich gar nicht so glücklich, aber konnte man so etwas am Telefon sagen? Ich verschob das Telefonieren auf den nächsten Tag. Vielleicht hatte ich da mehr Mut? Und dann verschob ich es auf den übernächsten. Meistens wurde gar nichts daraus.

Diese ganz alltäglichen Dinge des Lebens zeigten mir irgendwann, dass ich nicht so leben konnte wie die eine oder andere Frau, die „es hinbekam". Einige kannte ich, die gelassen, sicher und ruhig lebten. Sie wussten, was sie verbieten wollten, sie konnten es ruhig sagen. Sie konnten mit alten Bekannten reden, sie konnten ehrlich sagen, dass es ihnen im Augenblick nicht gut geht. Sie konnten ein anderes Urlaubsziel wählen, ohne ständig mit früheren Zielen zu vergleichen.

Ob es für mich noch Möglichkeiten gab, mich weiterzuentwickeln?

Man konnte eigentlich nicht so leben, wie ich lebte. Deshalb überspielte ich. Scheinbare Ruhe legte sich über die tosenden Stürme im Inneren. Manchmal wirkte diese scheinbare Ruhe von außen betrachtet auch einfach nur kalt, zugeknöpft und hart. Keiner sollte es merken, und viele merkten es auch nicht, wie aufgewühlt ich war. Und so blieb ich allein mit mir. Ich galt als selbstbewusst! Auf jeden Fall. Aber innerlich war ich es nicht. Ich schwankte oft.

Frau und doch nicht Frau – ich und doch nicht ich! Natürlich konnte ich im Spiegel eine Frau erkennen, wenn ich mich ansah. Als ich aber lernte, dem inneren Spiegel nicht auszuweichen, da stellte ich fest, dass mir noch so manches fehlte. Das tat weh. Das schmerzte wie eine Krankheit. Irgendwie war eine Entwicklung bei mir nicht weitergegangen. Irgendwo war ich stecken geblieben. Ich war noch nicht die Frau, die ich hätte sein können.

Manche Männer werden die Gefühle und Verhaltensweisen ebenfalls kennen, von denen gleich die Rede ist. Aber gerade bei und an Frauen habe ich sie häufig erlebt. Diese Gefühle und Verhaltensweisen nenne ich einmal Indikatoren – so wie Fieber ein Indikator ist: Es zeigt uns an, dass wir eine Entzündung irgendwo in unserem Körper tragen. Manchmal ist es ganz offensichtlich: Wir haben Husten und Halsschmerzen. Und wir wissen, was zu tun ist: Vitamin C, Salbeibonbons und ab ins Bett. Manchmal aber haben wir Fieber, ohne dass wir sogleich weitere Beschwerden fühlen oder sehen. Den wahren Fieberherd müssen wir erst finden. Vielleicht ist es sogar ein uralter Zeckenbiss vom vorletzten Sommer?

Genauso mag es in unserem Leben sein: Da gibt es Gefühle und Verhaltensweisen, die anzeigen, dass wir mit uns nicht im Reinen sind, nicht ganz in Balance, dass uns etwas fehlt – sprich: dass wir Hilfe nötig haben. Manchmal kann man nicht gleich mit ihnen umgehen, mit den Gefühlen und Verhaltensweisen. Man möchte sie vielleicht nicht wahrhaben oder ganz schnell beseitigt wissen. An ihnen kann man „ablesen", dass da noch Dinge im Argen liegen bei uns. Manchmal sind sie Anzeichen dafür, dass der wahre „Fieberherd" erst noch zu finden ist.

Sie zeigen – wie gut! – aber auch, dass man sich noch weiterentwickeln kann, dass sich etwas verwachsen kann. Es gibt also lohnenswerte Perspektiven!

Diese „Hier kann's besser werden-Indikatoren", ich stelle sie Ihnen kurz vor. Lesen Sie einfach … und hören Sie in sich hinein: Erkennen Sie sich wieder? Gibt es Gefühle und Verhaltensweisen, die Ihnen sehr vertraut sind? Empfinden Sie: Mensch, die beschreibt ja gerade mich!?

Wie wäre es wieder mit einer Tasse Tee … und dabei nehmen Sie sich Zeit für die folgenden Frauen, die ich Ihnen vorstelle!

● **Sich selbst nicht pflegen:** Man sieht, dass „Frau" sich keine Mühe mit sich selbst gibt. Alles wirkt ein bisschen vernachlässigt oder „lieblos mit sich selbst".

Eigentlich ist Sylvie richtig hübsch. Sie hat dichte, lange braune Haare, ein freundliches Gesicht mit ausdrucksstarken Augen und ist gut gebaut. Leider sieht man nicht so viel davon. Sie schläft zu wenig und wirkt deshalb immer etwas erschöpft. Ihre Kleidung hängt schlabberig an ihr herunter, sodass man sie eigentlich zum Frühstück einladen möchte. Meistens trägt sie grün und braun. Auf der Wäscheleine könnte man die Teile auch mit denen ihres Bruders verwechseln. Sie verausgabt sich für andere, aber mit sich selbst macht sie sich keine Mühe.

● **Sich selbst zu sehr pflegen:** Auf Äußerlichkeiten wird übermäßig Wert gelegt.

Als Nathalie das Zugabteil betritt, riecht man sie, bevor man sie sieht. Eine Parfümwolke hüllt die nächsten Sitzreihen ein. Noch ehe sie richtig Platz genommen hat, ist der kleine Handspiegel schon aus der Handtasche gezogen und es wird eifrig nachgepudert. Allerdings ist das Gesicht bereits überdeutlich geschminkt. Wo soll der Puder noch haften? Als sie damit fertig ist, richtet sie den eng anliegenden Rock und prüft anschließend, ob man von ihr und der lässig auf den Sitz geworfenen Tasche von Douglas schon Notiz genommen hat. Ihr Lachen ist auffällig.

● **Sich zu kurz gekommen fühlen:** Man fühlt sich generell benachteiligt. Andere haben immer „mehr" und „Besseres".

Vor einiger Zeit hat sich Hanne eine Mentorin gesucht. Mit ihr möchte sie ihre ehrenamtliche Mitarbeit in der Kirchengemeinde besprechen, ihre Zeitaufteilung zwischen Kindern, Haushalt und anderen Menschen ihres Lebenskreises. Immer wieder ertappt sie sich bei dem Gedanken, dass ihre Mentorin sich wohl umfangreicher um Ute kümmert, die sich auch von ihr beraten lässt. Schon der Gedanke daran, dass sie bei ihrer Mentorin eine unter mehreren ist, bereitet ihr Unbehagen. Leider ist das so, obwohl sie immer liebevoll beraten wird und ihre Mentorin geduldig und aufmerksam mit ihr umgeht

● **Sich selbst nicht spüren können:** Man kann seine eigenen Gefühle nur schwer wahrnehmen.

„Ganz gut!", antwortet Meike spontan auf die Frage, wie es ihr geht. Noch während die andere von sich erzählt, spürt sie, dass sie eigentlich hätte sagen müssen: „Die Woche war ziemlich mittelmäßig. Ich hatte an drei Tagen Kopfschmerzen, hatte mir zu viel vorgenommen und bin heute Abend zu müde für den Geburtstag." Aber nun ist es zu spät. Die Gesprächspartnerin steht bereits bei anderen Gästen. Jetzt sie beiseitenehmen und sagen, dass es ihr doch nicht so gut geht, das würde richtig viel Mut kosten.

● **Sich selbst nicht ertragen können:** Man lehnt vieles an sich ab, was man tut oder denkt oder wie man reagiert. Jede Menge schlechter Gedanken über sich selbst bestimmen den Tag.

„Wollen wir noch Fotos anschauen?", frage ich Ilse vor

unserer Abfahrt. Das wird ihr einen Einblick in unsere letzten Monate geben. Plötzlich entdeckt sie sich auf einem Bild. Ilse wendet sich sofort ab und sagt: „Wie ich wieder aussehe! Ich kann das nicht ertragen." Betretenes Schweigen. Keiner weiß, was jetzt Sinnvolles gesagt werden kann. Schnell nimmt sie ein anderes Foto in die Hand ...

● **Sich ängstigen:** Man hat z. B. Angst vor Verantwortung, Angst vor Neuem, Angst vor Entscheidungen, Angst davor, nicht dazuzugehören.

Susanne ist verheiratet und könnte Kinder bekommen. Körperlich ist alles in Ordnung. Aber im Inneren tobt ein Kampf. Sie fühlte sich dem bis jetzt nicht gewachsen. Sie kann genügend Gründe vorschieben, weshalb sie jetzt und in diesem Jahr nicht schwanger werden möchte. Wenn die Gründe aus dem Weg geräumt sind, ist trotzdem noch keine Bereitschaft da. Sie spürt, dass sie vieles zurückstellen müsste. Wie soll sie das schaffen? Wie soll sie ein Ja finden zu einer so großen „Sache" wie einem Kind, das ihr ganzes Leben verändern wird? Sie hat Angst.

● **Sich nur schwer entscheiden können:** Man hat grundsätzlich Probleme damit, Entscheidungen zu treffen.

Ich erzähle von einer Situation bei mir selbst vor ein paar Jahren. Der Urlaub in Langeoog bedeutete: Diese acht Tage sind unsere gemeinsame Familienzeit. Dazu hätte ich ein „Ja" finden können – mit der herrlichen Natur, mit den Mehrkosten, mit den Unwägbarkeiten, wie man dort mit zwei kleinen Kindern zurechtkommt. Auch als wir schon gebucht hatten, war ich noch nicht wirklich entschieden. Ich lebte immer noch im: „Hätten wir nicht ...?" Und als wir endlich da waren, tat ich mich schwer damit, Vergleiche mit anderen Urlauben sein zu lassen.

- **Mit fremden Situationen große Mühe haben:** Dann verstärken sich Unsicherheit und Angst.

Jutta beherrscht ihr Saxofon einwandfrei. Viele Jahre Unterricht und auch Zusammenspiel mit anderen Laienmusikern haben ihr Erfahrung eingebracht. Und so oft sie mit neuen Leuten Musik macht, fühlt sie sich erst einmal unsicher und ängstlich. Wie werden mich die anderen sehen? Reichen meine Erfahrung und meine Technik aus? Wie komme ich mit den mir Unbekannten zurecht? Sind das vielleicht Angeber oder Supercracks? Finden wir eine gemeinsame Linie?

- **Sich wie in einer Nebellandschaft fühlen.** Das beherrschende Grundgefühl des Lebens ist: Alles ist schwer und schlecht zu durchschauen.

Natürlich lacht Britta, wenn ein Scherz gemacht wird. Aber wenn man mit ihr zusammen ist, fehlt die Leichtigkeit. Das liegt gar nicht an den Lebensumständen. Die sind ganz durchschnittlich. Es liegt in ihr selbst: Diese Schwere, die ihr das Gefühl vermittelt, als sei das Leben eine einzige große, ständige Prüfung. Wenn man einen Cappuccino mit ihr trinkt, ist diese Schwere trotzdem da. Am liebsten würde man ihr einige Brocken aus dem Weg räumen, damit sie heiterer sein könnte, wenigstens hier beim Cappuccino. Vielleicht räumt man mit ihr wirklich einiges aus ihrem Weg. Aber die Schwere bleibt. Das ist wie ein Nebel über dem Tal, der nie wirklich weicht.

- **Kindlich reagieren.** Man ist angespannt, weil man darauf ausgerichtet ist, den Ansprüchen und Erwartungen anderer genügen zu müssen.

Wenn die Eltern kommen, wird aus Gründen der Gastfreundlichkeit aufgeräumt; wenigstens das Grobe. Das pflegt Gabi bei vielen angekündigten Besuchern so zu tun, und sie freut sich häufig selbst am meisten, wenn das Aufräumen dann mal wieder gelungen ist.

Etwas anderes aber belastet Gabi in der Beziehung zu ihren Eltern. Sie denkt sehr häufig: „Diesen Beruf kann ich nicht wählen, weil meine Mutter das nicht gut findet." Damit steht sie sich selbst im Weg. Selbst wenn ihre Mutter ihr Studium mit Anfang dreißig ablehnt, so muss Gabi doch ihren Weg gehen und ihre berufliche Erfüllung finden. Hier ist Eigenständigkeit wichtig. Sie hat noch gut dreißig Arbeitsjahre vor sich und die sollen sinnvoll ausgefüllt sein. Jetzt zu kneifen, das wäre so etwas wie ein Verrat an sich selbst.

- **Sich von Menschen abhängig machen:** Man leiht sich sozusagen das Leben anderer aus.

Lea geht gern mit ihrer Freundin zusammen einkaufen. Es ist nett, wenn die Freundin sie beim Kauf der Jeans berät. Die sieht einfach deutlicher die Problemzonen: Die nicht ganz so langen Beine sehen in der Bootcut besser aus.

Lea fragt darüber hinaus vor vielen Entscheidungen nicht nur um den guten Rat ihrer Freundin, sondern sie richtet sich auch danach, wie die Freundin über den Partner, die Hobbys, den Urlaub, die Zeitgestaltung denkt. Sie kopiert vieles. Manchmal empfindet sich Leas Freundin wie eine Zwillingsschwester von ihr. Das bedrängt sie und schränkt sie ein. Sie empfindet Lea nicht als ein wirkliches Gegenüber.

- **Sich mit Beziehungen schwertun:** Angst vor Konflikten, viel Misstrauen, Kälte, Distanz, Angst voreinander.

Antje versucht ein Gespräch mit Luisa: „Wie war deine Woche?" Nach der dritten Frage, auf die Luisa mit einer Silbe geantwortet hat, ist Antje am Ende und freut sich, dass sich jemand anderes an den Tisch gesellt. Sie mag die wortkarge Luisa gern, aber irgendwie hat sie das Gefühl, sie dringt gar nicht richtig zu ihr durch. Schade. Es gab auch schon andere Abende. Da hat sie ganz viel erzählt. Antje war hinterher völlig erschlagen. Aber eigentlich ging es in Luisas Mitteilungen gar nicht um sie. Es ging um andere, um Schicksale, um dies und das. Irgendwie ist da eine richtige Wand um Luisa, auch wenn es um sie selbst und ihre ureigenen Gedanken und Gefühle gehen könnte. Man dringt einfach nicht durch zu ihr.

● **Dem Leben nicht gewachsen sein:** Man hat grundsätzlich das Gefühl, dass es mit einem selbst nicht stimmt.

Beide sind über 35, leben als Single, haben sich für einen Beruf entschieden, glauben an Gott. Gisela meistert ihre Probleme fröhlich, lebt in vielen Beziehungen zu den unterschiedlichsten Frauen. Birte zweifelt grundsätzlich an ihren Lebensgegebenheiten, hat aber auch nicht die Kraft, irgendetwas daran zu ändern. Sie wartet auf die große Wende, die noch das Lebensglück bringen soll. Sie fühlt sich im Allgemeinen überfordert und erlebt sich als zu klein, zu machtlos, zu schwach anderen gegenüber. Mit ihr scheint irgendetwas nicht ganz zu stimmen. Jedenfalls fühlt sie sich zunehmend so.

● **Sich unsicher fühlen:** Man fühlt sich mit eigenen Entscheidungen und Meinungen nicht sicher und überspielt das häufig durch eine zurückhaltende oder eine kalte, sachliche oder eine überhebliche Fassade.

Als man Tanja während eines dreitägigen Besuches fragt, ob sie gern mal ins Schwimmbad gehen oder lieber einen Museumsbesuch machen möchte, kann sie keine Antwort geben. Sie weiß wirklich nicht, was sie will. Wenn sie das Schwimmbad wählt, dann sehen die Gastgeber vielleicht, dass sie nur Brustschwimmen gelernt hat. Wenn sie das Museum wählt, dann bleiben die anderen vielleicht gerne sehr lange. Sie langweilt sich dann wahrscheinlich.

„Ach, lasst mal gut sein, wir haben bei uns zu Haus auch genügend Museen, und schwimmen gehe ich ja regelmäßig", lautet ihre Antwort. Daraufhin bleibt man zu Hause im Garten. Die Gastgeber sind entmutigt und schlagen nichts mehr vor.

● **Sich nicht dazugehörig fühlen:** Man kann in der Familie, im Arbeitsteam, im Freundeskreis einfach kein tieferes Gefühl der Zugehörigkeit entwickeln.

Rieke ist durchaus kontaktfreudig. Seit vielen Jahren hat sie zu ihrer Schulfreundin Christine Kontakt – mal per Telefon, mal per Post oder sie treffen sich mal beim Italiener. Trotzdem spürt Rieke immer wieder Grenzen zwischen sich und der Freundin. Manchmal fühlt sie die andere als wesentlich stärker, manchmal sagt sie dann auch nicht alles, was ihr auf dem Herzen liegt. Manchmal denkt sie sich vieles und ist nur äußerlich im Gespräch dabei.

Neulich waren beide mal wieder zusammen gewesen. Als sie sich voneinander verabschiedet haben und Rieke nach Hause geht, spürt sie ein inneres Rumoren. Sie merkt, dass sie ihrer Freundin nichts davon erzählt hat, dass es ihr im Moment in der Familie nicht so gut geht. Sie findet es gerade richtig anstrengend, wenn alle am Küchentisch versammelt sind. Aber sie hat kein Wort davon gesagt. Mal wieder hat sie etwas nicht erzählt, was eigentlich wichtig gewesen wäre.

Sie mag sich keine Blöße geben vor ihrer Freundin: Immer wieder zweifelt sie daran, ob sich die Freundin noch mit ihr treffen wird, wenn sie erfährt, an welchen Punkten sie, Rieke, zu kämpfen hat. Und sie merkt nicht, dass sie gerade durch ihr Schweigen und Zurückhalten Grenzen in ihrer Beziehung setzt. Sie kennen sich schon lange, aber Rieke spürt nicht, dass das Miteinander nicht tiefer wird. Und es wird genau deswegen nicht tiefer, weil Rieke hauptsächlich die leichten, guten, positiven Dinge erzählt, und über alles andere schweigt.

Manchmal zweifelt sie auch daran, ob sie ihrer Freundin viel bedeutet. Dabei schätzt ihre Freundin sie, obwohl sie ahnt und spürt, dass Riekes Leben natürlich nicht immer nur leicht, gut und positiv ist. Immer wieder teilt sie auch von sich Dinge mit, an denen sie zu tragen hat. Trotzdem kann Rieke sich nicht überwinden, auf das geschenkte Vertrauen einzugehen. Sie steht sich selbst im Wege, sie steht einer tieferen Beziehung zu Christine (und erst recht zu anderen) im Weg.

● **Sich als zweigeteilt empfinden:** Hier lustig und lebhaft, in anderer Umgebung still und zurückgezogen.

Ellen fragt sich manchmal, wer sie eigentlich ist: Eben noch hat sie am Familientisch laut aufgelacht und lebhaft mitdiskutiert, und nun sitzt sie kleinlaut in der Jugendgruppe, schaut zu Boden und beteiligt sich nicht. Und das, obwohl sie schon seit zwei Jahren hier hingeht und fast alle ziemlich gut kennt. Manchmal muss sie sich regelrecht vornehmen, sich am Gespräch zu beteiligen. Sie fühlt sich hilflos, dass sie hier nicht über ihren Schatten springen kann, und ist froh, wenn Inga neben ihr sich äußert. Sie redet sich innerlich selbst Mut zu, anschließend auch etwas zu sagen.

● **Sich anders wahrnehmen, als andere Menschen einen erleben:** Man bekommt ganz andere Rückmeldungen über sich selbst, als man denkt, sodass man verunsichert ist.

Evi denkt von sich selbst nicht sehr positiv. Sie kritisiert sich häufig, findet sich schusselig und unattraktiv, erlebt sich in Kontakten mit anderen scheu und zurückhaltend. Ihre Freundinnen sagen über sie, dass sie gut mit Menschen umgehen könne, immer ein offenes Ohr für andere habe. Außerdem sei sie künstlerisch begabt. Wenn man sie besuche, fühle man sich in ihrer kleinen, nett gestalteten Wohnung sehr wohl.

Manchmal hört sie ein Lob von ihren Freundinnen und denkt dann bei sich: Über wen reden die eigentlich? Das bin doch nicht ich!

● **Man kann anderen schwer Grenzen setzen:** Man sagt Dinge zu, die man eigentlich nicht übernehmen möchte, und ärgert sich anschließend darüber.

Der Telefonhörer liegt noch nicht wieder auf, da weiß Alexandra eigentlich schon, dass sie am Wochenende nicht auch noch auf die kleine Nichte aufpassen kann. Weil sie kinderfreundlich und gutmütig ist, fragt ihre Schwester öfter mal an. Aber Samstag ist ihr einziger freier Tag. Sie muss sich da auch noch um den Haushalt und die Gospelchorprobe kümmern. Eigentlich müsste sie jetzt gleich noch mal anrufen und sagen: „An diesem Samstag geht es nicht." Aber jetzt hat sie schon zugesagt. Außerdem hat ihre Schwester ja auch schon so viel im Leben für sie getan. Missmutig denkt sie an Samstag.

● **Leben in Traumwelten:** Diese Traumwelten können in den eigenen (Tag-)Träumen, aber auch im Nacherleben anderer Menschen stattfinden. Die regelmäßige Fernsehsendung oder ein Buch nach dem anderen öffnen dann die Tür zum Leben fremder Menschen oder erfundener Figuren. Man lebt sehr intensiv mit ihnen. Es fehlt aber die Kraft für das eigene echte Leben.

Marie kostet es unwahrscheinlich viel Kraft, die Konflikte am Arbeitsplatz auszuhalten. Sie fühlt sich da oft überfordert und ihr fehlt der Mut, deutlich ihre Grenzen zu ziehen. Die häufigen Überstunden ärgern sie und kosten viel Energie. Wenn sie zu Hause ist, schmeißt sie sich am liebsten vor den Fernseher und schaut sich irgendeine Schnulze an. Sie liebt es, wenn Frauen durchsetzungsfähig und gleichzeitig weich dargestellt werden. Innerlich seufzt sie dann: „Könnte ich doch einmal so wie Conni sein …"

● **Sich vertrösten:** Man beruhigt und vertröstet sich selbst mit dem eigenen Haus oder Beruf oder Hobby.

Eigentlich ist es für Suse schon lange klar, dass sie mit sich selbst und ihrem Verhalten nicht zufrieden ist. Sie ist manchmal so weit, etwas ändern zu wollen oder sich Hilfe zu suchen. Aber dann schleichen sich andere Gedanken ein: Eigentlich geht es mir doch gut. Wir haben es doch so gemütlich zu Hause. Jeder hat doch mal Probleme. Ich will doch auch nicht undankbar sein. Sicher ist alles nicht so schlimm mit mir. Andere haben ganz andere Probleme.

Diese Gedanken nehmen ihr allen Mut wieder weg. Deshalb bleibt alles beim Alten.

● **Sich für andere aufopfern:** Man gibt übermäßig viel Geld, Zeit, Interesse, Bemühen für andere Menschen.

Es gibt keinen Menschen in Not, den Mareike enttäuschen würde. Sie ist zur Stelle, wenn eine Mutter von drei kleinen Kindern krank ist, wenn die Nachbarin ins Krankenhaus gebracht werden muss oder die eigenen Eltern Probleme mit dem Schneiden der Gartenhecke haben. Es ist ihr selbstverständlich, sich dabei zu verausgaben. Auf eigene Freiräume achtet sie schon lange nicht mehr, obwohl sie sich zunehmend ausgepowert fühlt und mit ihrer freien Zeit nichts Kreatives mehr anzufangen weiß.

● **Probleme in der Gottesbeziehung:** Vom Kopf her ist

einem vieles des christlichen Glaubens klar und geläufig. Aber man erfährt und fühlt es nicht; nicht wirklich.

Svea weiß so viel, was Gott betrifft. Vieles aus der Bibel kennt sie in- und auswendig, sodass sie innerlich auf Durchzug schaltet, wenn sie im Gottesdienst ist. Sie sehnt sich danach, Gottes Liebe auch einmal zu erfahren. Sie will gar nicht ständig irgendwelche Gefühlserlebnisse haben, aber sie spürt, dass andere von Begegnungen mit Gott berichten, die richtig tief gingen. So etwas hat sie bis jetzt nie erlebt. Alles verläuft bei ihr gleichmäßig, monoton oder manchmal gelangweilt. Sie empfindet ihren Glauben nicht als Beziehung, sondern es ist mehr ein „Fürwahrhalten" von vielen wichtigen Gedanken. Es gibt nichts, das sie auf tieferer Ebene erreicht. Es gibt keinen echten Trost, keine wirkliche Freude, es gibt keine tiefer gehenden Erkenntnisse über sich selbst. Sie vertröstet sich damit, dass der Glaube ja auch gar nicht so gefühlsbetont gelebt werden muss. Gleichzeitig hat sie Sehnsucht nach mehr Tiefe. Sie spürt es, wenn sie mitbekommt, wie andere ihren Glauben leben.

Hoppla. Haben Sie eben Mareike, Ihre Bekannte aus dem Sport, wiedererkannt und gedacht: *Genau so ist es. Genau so reagiert sie?* Oder sind Sie zwischendurch aufgestanden, haben sich eine Lesepause gegönnt und ganz tief in Ihrem Inneren gedacht: *Da ging es ja auch um mich …?*

Die hier beschriebenen Frauen können ganz unterschiedlichen Alters sein. Was ihnen gemeinsam ist, das sind Gefühle und Verhaltensweisen, mit denen man unter erschwerten Bedingungen durchs Leben geht. Je mehr dieser einzelnen Gefühle und Verhaltensweisen sich in einem Menschen häufen, desto schwerer und mühsamer wird es, als frohe, ausgeglichene und sichere Frau zu leben. Ja, es wird damit fast unmöglich. Diese Gefühle und Verhaltensweisen sind so etwas wie ein Fieberschub im Leben. Sie wollen etwas anzeigen, was tiefer liegt. Am besten ist es, nicht einfach alles mit Paracetamol zu betäuben... Denn später wird das Fieber wiederkommen. Nein, es ist gut, den Dingen auf den Grund zu gehen.

Frau und doch nicht Frau – ich und doch nicht ich! Zum Glück gibt es immer Möglichkeiten, sich weiterzuentwickeln!

Mir selbst war das lange Zeit völlig unvorstellbar. Als ich meine Unsicherheit bemerkte, dachte ich: *Das ändert sich nie. Wie soll das jemals in meinem Leben anders werden?* Heute kann ich sagen: Ich habe das überwunden. Nach und nach hat sich meine Unsicherheit „verwachsen". Ich werde in diesem Jahr wieder ein neues Urlaubsziel ausprobieren und bin schon gespannt, wie es sein wird. Ganz bewusst will ich mich auf das Neue einlassen und spüre in mir eine Menge Interesse und Neugier. Und sollte es wirklich ein kleiner Reinfall werden, weil vielleicht die Kinder Fieber haben, die Betten steinhart sind und wir mit Regen verwöhnt werden, dann werde ich das zu Hause genauso berichten. Und zwar ehrlich. Fragen Sie meine Freundin Conni!

Kann es sein, dass Sie beim Lesen unruhig geworden sind? Vielleicht sind Sie aufgestanden, haben sich an Ihr Wohnzimmerfenster gestellt und gespürt: *Mir ist ja ganz heiß und kalt geworden; ich bin unruhig und nachdenklich. Wenn das stimmt, was ich gelesen habe, würde das ja bedeuten: Ich muss das jetzt einfach mal ernst nehmen. Vielleicht habe auch ich mich körperlich zur Frau entwickelt, bin aber innerlich irgendwo auf der Strecke geblieben?* Was für ein ungewohnter Gedanke!

Und was dann? – Ich kann Ihnen erzählen, was mir geholfen hat!

4. Frauen schreiben sich frei

Die Bettkante. Auf der Bettkante in meinem Zimmer habe ich gesessen, ungeplant einen Block zur Hand genommen und drauflos geschrieben. Das war im Herbst 2001. Mit einem Mal strömten die Gedanken, und ich ließ ihnen freien Lauf. Ich war unruhig und nachdenklich. Jetzt war es bei mir an der Zeit, auf mein Leben zu schauen. Eigentlich versuchte ich das bereits seit ein paar Monaten. Aber über ein gefälliges: „Bei mir ist doch eigentlich alles in Ordnung"-Gefühl war ich nicht hinausgekommen. Ein Mann, zwei Kinder, Berufsausbildung, Hobbys, Mitarbeit in einer Gemeinde, Freunde. Das war doch vorzeigemäßig. Warum aber war es so unruhig in mir? Warum brodelte es ganz tief in mir? Und wie sollte ich meiner Unruhe auf die Spur kommen?

Jetzt war anscheinend „meine Entdeckungszeit" gekommen. Ganz tief in mir drin waren Gedanken, die heraus wollten. Wie entlockt Frau sich denn am einfachsten irgendwo festsitzende Gedanken? Vielleicht mit dem Schreiben?

Tagebuchschreiben kannte ich aus meiner Jugendzeit. Viele von uns Frauen haben vielleicht irgendwo im Keller eine Kiste stehen mit diesen Schätzen: persönliche Gedanken, versteckt in hübsch gestalteten kleinen Büchern, vielleicht sogar abschließbar mit einem winzigen Schlüssel. Wenn wir Glück haben, ist der über die Jahre nicht verloren gegangen.

Und nun war ich wieder am Schreiben. Ich entdeckte, dass das Schreiben die gleiche Funktion hatte wie damals:

Es entlastete mich! Denn mit einem Mal wollten Gedanken an die Oberfläche. Das Schreiben half mir, das, was ich dachte und fühlte, aus mir herauszubringen. Es ging so wesentlich leichter, als wenn ich hätte reden müssen. Allein mit meinen leeren Seiten fühlte ich mich unbeobachtet. Konnte drauflos schreiben, unzensiert, ungeordnet, einfach mich erleichtern.

Mein Tagebuch war auch etwas zum Festhalten: Die Gedanken konnte ich festhalten. Aber für mich war es am Anfang noch mehr: Es war wie ein Gegenüber, wie ein sichtbarer Trost. Mein Tagebuch war mein Hoffnungszeichen: Ich werde einmal wieder glücklich mit meinem Leben.

Ja, warum brauchte ich, Frau mit dem Vorzeigeleben, in dem doch alles stimmte, denn ein Hoffnungszeichen? – Weil mir mit der Zeit das, was ich als Sicherheit und Fröhlichkeit in meinem Leben kannte, abhanden gekommen war. Vieles war eingestürzt, und zwar mit rasanter Schnelligkeit, und das, was ich jetzt fühlte, fühlte sich ganz schlecht an. Ich konnte das nicht erklären, was mit mir los war. Ich fühlte mich einfach unsicher, hoffnungslos, fragend. Unglücklich! Ein tief sitzendes Gefühl von Unglücklichsein, von dem ich ahnte, das geht weder mit einem Fernsehabend Marke Rosamunde Pilcher oder mit einem gut gemachten Tatort plus Chipstüte noch mit einer durchgeweinten Nacht so schnell vorbei.

Ich hatte es ja nun schon bemerkt an mir: Ich war gar nicht so sicher. In vielen Situationen spürte ich Unsicherheit. Kennen Sie auch dieses Gefühl, wenn man plötzlich vor sich selbst erschrickt? Nein, nicht dieses Erschrecken, als hätte ich einen Kinderstreich ausgeheckt und mit der Schere eine fette Lücke in die eigenen Haare geschnitten.

Es war ein anderes Erschrecken. Bei mir rührten dieses Erschrecken und diese Traurigkeit daher, dass ich mich selbst „erkannte". Mit einem Mal konnte ich feststellen und dazu stehen: Ja, ich bin unsicher. An vielen Stellen in meinem Leben fehlt mir die nötige Sicherheit.

Seltsamerweise ging nach dieser Erkenntnis nicht die Welt unter. Überhaupt nicht: Die Menschen auf der Straße schauten mich genauso an wie bisher, als sei nichts gewesen. Der erste Zacken war aus meiner unsichtbaren Krone herausgebrochen. Und das Leben ging einfach so weiter.

Das fühlte sich gut an. Ich spürte: Für mich selbst war es also am schwierigsten, es auszuhalten, dass ich Nachholbedarf auf vielen Lebensgebieten hatte. Die anderen wussten ja gar nicht, was sich in mir abspielte. Sie waren beschäftigt mit Aldi und Kinderarzt, Chorproben, Abrechnung und Urlaubsplanungen.

Beim Schreiben fielen mir plötzlich auch Beispiele und Situationen ein, in denen ich unsicher reagierte, und ich schrieb die einfach dazu. Gleich zu Anfang meiner ungeordneten und handschriftlich chaotisch aussehenden Zeilen kam es so zu einem kleinen Glücksgefühl. Es fielen mir nämlich zum Glück nicht nur traurige Erkenntnisse ein, sondern ich fing auch an, kreativ zu werden: Im Schreiben flossen mir Ideen zu, wie ich denn stattdessen handeln, wie ich anders reden, was ich anders tun und wie anders denken könnte.

Da war zum Beispiel die Sache mit dem Kinderturnen: Ich erinnere mich an einen Nachmittag. Ich hatte die Kinder zum Kinderturnen gefahren. Während ich auf sie wartete, direkt neben den Umkleideräumen, schrieb ich schon wieder weiter, weil mir plötzlich Gedanken kamen, wie ich denn sicherer handeln könnte. Zu dieser Zeit fuhr ich nirgends ohne mein Schreibzeug hin. Das zahlte sich aus. Denn jetzt gab es also mit einem Mal Auswege. Es gab rettende Blicke nach vorn. Ich entwarf sozusagen mein neues Leben. Das klingt jetzt vielleicht ein wenig seltsam. Das war es aber gar nicht. Vielmehr löste sich mancher Schrecken. Er löste sich auf, und die neuen anderen Gedanken waren so etwas wie mein innerer Traubenzucker: ansteckende Energie. Kraft.

Oder die Sache mit dem Friseur. Wenn ich bisher zum Friseur gegangen war, dann hatte ich es nie hinbekommen, wirklich zu sagen, was ich wollte. Meinem Tagebuch konnte ich verraten, dass ich bisher Probleme hatte mit dem Friseurbesuch. Am liebsten verkroch ich mich hinter dem Frisierumhang, schaute nach unten, um hinterher festzustellen, dass ich eigentlich noch schlimmer aussah als vorher. Über eine allgemeine „Es soll hinten kürzer"-Bemerkung war ich nie hinausgekommen. Und jetzt nahm ich mir vor: Ich werde sagen, dass mein Pony etwas schräg geschnitten und der Hinterkopf betont werden soll. Dazu soll das Deckhaar länger sein. Der nächste Friseurtermin kam: Und es ging!

Ich suchte mir eine Friseurin aus, die ich für empfindsam hielt, nicht so eine „Hauruck, wir schneiden alles kurz"-Frau. Ich trug mein Anliegen vor und war hinterher richtig zufrieden. Natürlich hat mich das Kraft gekostet, und zwar mehr, als wenn ich die Wohnung auf Hochglanz gebracht hätte. Aber wie stolz und glücklich war ich! Soll ich noch erwähnen, was die Leute mir sagten, als sie mich sahen? Nein, das verrate ich lieber nicht, sonst werden Sie noch neidisch und wollen auch zu meiner Friseurin. Was ich Ihnen aber verrate, ist Folgendes: Bis dahin hatte – glaube ich – nie jemand etwas über meine Haare gesagt, wenn ich vom Friseur kam. Jedenfalls nichts Positives. Das hatte sich nun geändert. Meinem Tagebuch vertraute ich an, wie alles gelaufen war. Wieder ein Stück weiter auf meinem Weg in ein glücklicheres, leichteres Leben!

Jetzt können Sie sich, wenn Sie wollen, mal eben einen Espresso oder ein Wasser genehmigen. Das gibt es ja sonst auch beim Friseur!

Übrigens: Das Beispiel ist eigentlich egal. Es kann sein, dass Ihnen beim Lesen ganz andere Gedanken durch den Kopf gegangen sind. Erlebnisse aus Ihrem Leben vielleicht, in denen Sie sich auch mehr Sicherheit Ihrerseits gewünscht hätten.

Mir ist jedenfalls wichtig, Sie zu ermutigen! Vielleicht steckt in Ihrem Regal noch ein richtig schönes Buch, das Sie zum letzten Geburtstag bekommen haben. Nur, dieses Buch ist leer! Es hat viele schöne schlohweiße Seiten und die warten auf Ihre Gedanken. Vielleicht schreiben Sie in Stichworten. Vielleicht auf Englisch, vielleicht in dem Dialekt, den Sie zu Hause gesprochen haben. Das ist ganz egal. Machen Sie sich doch einfach selbst zum Thema. Tagebucheintrag: „Heute hab ich ganz neu Lust bekommen, mich persönlich weiterzuentwickeln. Ich habe gemerkt, dass ich in Gesprächen ganz oft …“

Oder: „Heute habe ich mich erschrocken. Kann das denn sein, dass ich von mir ein ganz anderes Bild habe als andere? Andere kennen mich immer als die nette, freundliche aufgeräumte Frau, für die alles kein Problem ist, und eigentlich …“

Jetzt denken Sie vielleicht: *Ach nein, bloß nicht schreiben. Ich mochte nie schreiben. Schon zu einer Geburtstagskarte muss ich mich aufraffen.*

Stimmt. Ich muss mich auch aufraffen. Selbst zum

Schreiben dieses Kapitels muss ich mich aufraffen. Das muss aber kein Hinderungsgrund sein. – Sie schreiben ja für sich! Sie sind Ihre Leserin! Sie werden in einem Monat zurückblicken, draußen auf der Parkbank oder wo auch immer Ihre Eintragung von heute lesen und sagen: „Ja, ich hab es tatsächlich probiert, in Gesprächen nicht nur zuzuhören. Stattdessen habe ich auch meine Meinung gesagt, wie ich das mit dem Urlaub sehe. Karin sieht die Dinge ganz anders. Mensch, hat mich das Überwindung gekostet. Aber später hat sie sogar nachgefragt, wie ich denn auf meine Gedanken gekommen bin. Das hat mich richtig froh und zufrieden gemacht." Wenn Sie diesen Tagebucheintrag von sich lesen, dann werden Sie begeistert von sich sein und sich sagen: *Dann kann und will ich auch weitergehen!!!*

Vielleicht verabscheuen Sie Tagebücher. Das ist überhaupt nichts für Sie. Ihr Medium ist einfach der PC. Hier sind Sie zu Hause. Über den PC läuft Ihre gesamte berufliche und private Post. Kein Problem. Sie können sich ja einfach selbst eine E-Mail schreiben: Liebe Judith, du hast dir vorgenommen, weniger „ich weiß auch nicht" zu sagen. Stattdessen willst du mal eine Meinung wagen. Hast du gemerkt, dass deine Nachbarin das registriert hat? Sie hat die Augenbrauen hochgezogen und musste erst mal über deine Antwort nachdenken. Super gelaufen!

Sie speichern Ihre E-Mail für sich ab … und nach und nach entsteht ein Mosaik aus dem, was Sie sich vorgenommen und umgesetzt haben. Das geht also auch mit dem PC, wenn Sie keine Freundin von handschriftlichen Aufzeichnungen sind.

Was könnte es noch sein, das Sie sich vornehmen? Vielleicht dieses: Sie wollen nicht immer nur brav „ja" zu allen Anfragen sagen, weil Sie spüren, dass das über Ihre

Kräfte geht. Sie wollen nicht mehr immer nur freundlich, nett und aufgeräumt sein, sondern authentischer werden. Und dann lesen Sie in Ihren Aufzeichnungen, wie Sie es geschafft haben, keinen Kuchen zum Fest beizusteuern, jedenfalls keinen selbst gebackenen. Zum ersten Mal im Leben haben Sie einen gekauft. Sie sind begeistert von sich, dass Sie sich mit diesem kleinen Kniff die Erleichterung verschafft haben, nicht aus dem letzten Loch zu pfeifen, als das Fest anfing. Na, das ist doch bemerkenswert. Ihr Tagebuch oder Ihre Datei mit den persönlichen E-Mails erfährt es vielleicht, dass es so gelaufen ist. Und ganz oft wird es so sein, dass Sie nur den Buchrücken oder den Bildschirm anschauen müssen und dann wieder spüren: *Ich will ja jetzt nicht feige sein. Und ich muss es auch nicht!*

Wenn Sie sich verändern wollen, dann wird es einfach so sein, dass Ihnen neue Gedanken über sich kommen. Und darauf sollten Sie reagieren können. Wäre doch schade, wenn Ihnen das einfach verloren ginge. Es kann sogar so sein, dass Sie so richtig in Fahrt kommen mit Ihrer Schreiberei und dass das dann ganz von allein läuft. Fast mühelos.

Einen Hinweis will ich Ihnen allerdings nicht vorenthalten: Die Einsichten über sich selbst werden nicht immer schmeichelhaft sein. Doch auch die haben Platz in Ihrem Tagebuch oder auf Ihrem PC. Und sie können (und werden!) Sie weiterbringen. Ich will Ihnen von einem heftigen Erlebnis erzählen, das ich mir aufgeschrieben habe.

In dieser Zeit meiner inneren Veränderung hatte ich eine ganz besondere, tiefe Begegnung mit Gott. Er, der mich und Sie geschaffen hat, suchte ein persönliches Gespräch mit mir. Das geschah in einer Nacht. Ich konnte damals über einen längeren Zeitraum schlecht schlafen. Und dann hatte ich plötzlich eine intensive Begegnung mit Gott, der mich ganz klar und deutlich auf meine Rückenschmerzen ansprach, die mich bereits über viele Jahre plagten. Er sagte mir: „In deinem Rücken stecken auch Haltungssünden!" Überhaupt keine schmeichelhafte Erkenntnis!

Wir sprechen ja davon, dass sich jemand krummlegt für etwas. Und dieser Gott, den ich noch nie so deutlich erlebt hatte, kam mir plötzlich ganz nahe: „Du, Kerstin Wendel, hast ein Problem mit sklavischer Pflichterfüllung. Da musst du aufpassen, sonst machst du dich und deine Familie kaputt!"

Kann das sein, dass Sie jetzt gerade zurückgeschreckt sind und sagen: „Nein, das glaube ich nicht. So ist Gott nicht. So etwas kann man nicht erleben."? Ich kann das verstehen, wenn Sie so denken. Ich habe diese Erfahrung auch nur dieses eine Mal so deutlich gehabt. Das Entscheidende ist ja nicht, wie ich zu meiner Selbsterkenntnis kam, sondern dass ich bereit wurde, diese harten Nüsse zu knacken. Das war wirklich eine harte Nuss! Da hatte ich viel aufzuschreiben, anders zu denken, neu zu entwerfen, ich pflichtgefüllter Mensch.

Vielleicht können Sie meine mütterlichen Gedanken nachvollziehen, die mich früher bestimmten: Es ist doch klar, dass man seiner Familie ein warmes Mittagessen auf den Tisch bringt, wenn möglich vor Vitaminen strotzend. Das ist doch nun wirklich klar. Das ist doch meine Pflicht! Für mich hätte es fast keinen Anlass gegeben, der mir da eine Ausnahme erlaubt hätte. Kein zeitraubender Arztbesuch mit Kind oder vollgeblutete Bettwäsche hätte mir die Erlaubnis gegeben, das nicht auch noch auf die Reihe zu bringen. Das warme Mittagessen … das ist doch wohl selbstverständlich.

Und was war der Preis? Der Preis war hoch: Denn am Mittagstisch hockte in solchen Fällen eine erschöpfte, missmutige, überforderte Mutter, die angefüllt war mit den folgenden Gedanken: *Ich reibe mich hier für euch auf und keiner dankt es mir.* Still, unmutig und stumm schaute ich auf meinen Teller. Und ganz ehrlich sage ich es Ihnen: Vitamine kombiniert mit schlechter Mutterlaune, die können einem den Appetit gründlich verderben. Und zwar komplett der ganzen Familie. Das sind Vitamine, die garantiert nutzlos sind. Da sind Spaghetti aus der Tüte ohne jede Beilage noch gesünder. Garantiert.

Wissen Sie, wie ich es heute mit der Pflichterfüllung halte? Ich koche dann eben mal nicht zu Mittag, wenn der Tag aus den Fugen gerät. Ein Kind wird krank und ich spüre, dass das Vorlesen jetzt wichtiger ist: Dann gibt es eben Brötchen und Rohkost. Oh, also doch Vitamine bei Wendels ... Oder: Ich hatte jede Menge am Schreibtisch vorzubereiten für den nächsten Familiengottesdienst. Alles hat viel länger gedauert als geplant. Dann gibt es eben Tiefkühlgemüse und Nudeln. Meine Kinder lieben das, fragen, wann ich wieder viel vorzubereiten habe. Deshalb gibt es also in unserer Gemeinde regelmäßig Familiengottesdienste ...

So etwas hätte ich vor sieben Jahren nicht geschafft. Keiner hat es mir erlaubt, das warme Mittagessen ausfallen zu lassen oder es mir ziemlich leicht zu machen. Ich musste es mir selbst erlauben! Ich musste mir das Recht zugestehen, dass auch ich gut und gerne leben darf. Nicht nur die anderen.

Meine Familie hat nun an schwierigen Tagen eine erträgliche Mutter am Tisch. Das ist doch erfreulich! Ist das unverantwortlich? Nein, das ist sehr verantwortlich, finde ich.

Es kann Ihnen also auch passieren, dass Sie Eigenschaften an sich entdecken, die Ihnen gar nicht gefallen. Wenn Sie sich auf den Weg zu sich machen, werden Sie auch unliebsame Dinge entdecken. Wie sagt meine Schwiegermutter manchmal im Scherz: „Bin ich wirklich so schlimm?" Ja. Ich kann nur sagen: Ich bin wirklich so schlimm. Sie auch. – Das ist aber nicht tragisch, im Gegenteil: Wer seine wunden Punkte erkannt hat, der kann auch etwas daraus machen!

Wenn das dann schwarz auf weiß da steht, was Sie als Ihren wunden Punkt erkannt haben, dann werden Sie nicht mehr vor sich flüchten können. Das ist eine echte Hilfe. Da heißt es dann: einen Ausweg suchen. Eine Idee entwickeln, wie es anders gehen kann. Der aufgeschriebene wunde Punkt fordert Sie heraus. Geht es Ihnen zum Beispiel so, dass Sie schlecht nein sagen können? – Vielleicht nehmen Sie sich ab heute vor, jedes Telefonat mit einer Anfrage an Sie mit folgendem Satz zu beenden: „Ich will es mir in Ruhe überlegen und rufe Sie dann zurück."

Dann haben Sie Zeit, sich zu fragen, ob das in Ihren Wochenplan oder sonstigen Kalender passt oder nicht. Oder Sie nehmen sich vor: „Obwohl Karin öfter zurückhaltend ist, ihre Kinder loszulassen, werde ich ihr erklären, warum ich meine auf die Freizeit schicke. Sie wird erstaunt sein, vielleicht Gegenfragen stellen. Ich werde bei unserer Entscheidung bleiben."

Wozu die ganze Schreiberei? Das Schreiben hilft uns dabei, einen Ausweg zu suchen, wenn wir ihn nötig haben. Es erinnert uns daran, nicht aufzugeben, wie hoffnungslos wir uns mit uns selbst und unserem Verhalten auch manchmal fühlen mögen. Und plötzlich entsteht im Schreiben etwas, was man und wie man auch leben kann.

Ist es nicht so, dass man mit einer freundlichen und gleichzeitig klaren Frau, Freundin, Kollegin, Mutter gern zusammen sein mag? Ist es nicht so, dass solch ein genießbarer Mensch etwas Schönes ist für andere?

Unser Tagebuch oder der PC kann unser Lockvogel werden. Er verlockt uns zu einem Leben, wie es eben auch geht: So, wie wir uns selbst vielleicht manchmal gewünscht haben, aber nie die Kraft hatten zu sein. Mit unserem Lockvogel können wir von oben schauen. Da sieht unsere Welt plötzlich ganz anders aus. Wir sind ermutigt oder herausgefordert oder entlastet.

Hoppla, sind wir jemals schon so frei gewesen?

5. Frau steht neben Frau

Liebe Leserin, sind Sie eigentlich noch da? Vielleicht haben Sie mittlerweile mehrere Pausen gemacht? Vielleicht ist Ihr Bedarf an Cappuccino oder Tee deutlich gestiegen? Oder ist er kalt geworden, weil Sie nachdenken wollten und Ihr Getränk dabei ganz vergessen haben?

Mag sein, dass Sie längst gedacht haben: *Wenn man so etwas erlebt, wie die Kerstin Wendel erzählt, dann kann man doch nicht allein bleiben damit! Bloß nicht allein bleiben mit diesen ganzen Gedanken! Bloß das nicht! Das hält man ja nicht aus. Das klingt ja alles ganz toll mit den neuen Möglichkeiten und Chancen, aber da sind ja anscheinend auch jede Menge schwierige Gedanken an die Oberfläche gekommen. Die kann man doch nicht allein verarbeiten.*

Genau so ist es. Das hält man ja nicht aus. Alleine.

Natürlich hätte ich auch einfach so weiterleben können wie vorher. Ich hätte die aufkeimenden Gedanken ersticken können mit Arbeit oder Alltagshighlights oder indem ich mir eingeredet hätte, alles sei nicht so schlimm. Ich hätte die Gedanken ersticken können, indem ich mich ständig mit irgendwelchen Ehrenämtern beschäftigt hätte. Ich hätte mit allen Verbiegungen so weiterleben können, wie ich es gewohnt war.

Wie wäre mein Leben dann weiter verlaufen? Darüber mag ich gar nicht nachdenken. Immer mehr hätte ich mich zu einer missmutigen, krampfhaft die Zähne zusammenbeißenden Frau entwickelt. Ich wäre unausgefüllt gewesen, hätte vieles mit Widerwillen getan und im falschen Beruf weitergearbeitet. Vor allem in Beziehungen wäre ich weit,

weit unter meinem Potenzial geblieben – und darunter hätten alle gelitten, die mir eigentlich nahestehen. Und vor allem: Es wäre mit mir gesundheitlich weiter bergab gegangen. Dazu gleich mehr.

Gott sei Dank habe ich mich anders entschieden. Als mir meine Unsicherheit nach und nach bewusst wurde, hatte ich mir bereits eine Gesprächspartnerin gesucht. Meine Ärztin hatte mir das empfohlen. Bei meinem Beschwerdebild sei mir Psychotherapie dringend anzuraten. Nun, das habe ich nicht gern gehört. Sechs Monate habe ich die Entscheidung, Gespräche zu beginnen, vor mir hergeschoben. Dann habe ich mich dazu durchgerungen, mir eine kompetente Gesprächspartnerin zu suchen. Das hat mich sehr viel Mut gekostet.

Wir trafen uns zu Gesprächen, in denen es am Anfang um meine körperliche Gesundheit ging. Denn mir ging es schlecht. Ich war krank. Seit vielen Jahren litt ich unter chronischen starken Rückenschmerzen. Ich hatte das ganz normale Programm durchlaufen: Medikamente, Krankengymnastik, Schwimmen, Tens-Gerät, Osteopathie. Immer wieder Arztbesuche. Und diese auch bei unterschiedlichen Ärzten, weil ich mehrmals umgezogen war. Immer die gleichen Erklärungen und Gespräche dort. Schmerzen machen mürbe. Zunehmend kosteten sie Kraft, sodass ich erschöpft war und in einen Zustand chronischer Erschöpfung hineinglitt. Ich war tapfer, biss die Zähne zusammen und versuchte, zunächst meinem Berufsalltag, später meinem Alltag mit zwei kleinen Kindern gerecht zu werden. Das war aufgrund der Schmerzen äußerst mühsam und anstrengend.

Ahnen Sie, wie ich mich beim ersten Treffen mit meiner Begleiterin fühlte? Ganz klar, so ähnlich wie bei der Führerscheinprüfung oder einem Einstellungsgespräch. Wackeliger Boden unter meinen Füßen: Wie wird das jetzt? Was werde ich gefragt? Was will ich denn eigentlich hier? Oder bin ich eigentlich nur meiner Ärztin zuliebe hier, damit ich ihr hinterher triumphierend sagen kann: „Frau Doktor, ich habe es versucht, aber es hat nichts gebracht!"?

Und dann kam alles ganz anders. Es kam so unbeschreiblich anders, dass ich gar nicht genau weiß, wie ich es in Worte kleiden soll. Es war einfach unglaublich erleichternd und kräftigend, mit meinem ganzen Ballast nicht mehr allein zu sein. Das habe ich sehr schnell gemerkt. Deshalb ging ich von da an wöchentlich zum regelmäßigen Gespräch mit dieser anderen Frau.

So begann ein langer Weg des Miteinanders. Und nach und nach entwickelte sich etwas, das ich wohl nur mit einem einzigen Wort beschreiben kann: Vertrauen!!! Nun war ich also nicht mehr allein mit meinen Gedanken.

Geht es Ihnen auch manchmal so, dass Sie sich selbst für unglaublich vertrauensvoll halten? So wie Sie mit Ihrer besten Freundin zu Haus am Wohnzimmertisch reden, in Ihren eigenen vertrauten vier Wänden? Kaum haben Sie sich getroffen, da sprudeln Sie beide doch schon los. Da werden nicht nur die Highlights des Urlaubs erzählt, sondern auch davon, wie stressig es war, auf den ADAC zu warten. Das Auto war nämlich liegen geblieben. Sie verstehen sich wirklich gut miteinander und Sie sagen sich vieles, was anderen nicht anvertraut wird. Selbst davon reden Sie, dass Sie manchmal im Urlaub nicht gut schlafen können, obwohl es an der Ostsee doch so ruhig zugeht. Selbst das erzählen Sie Ihrer besten Freundin.

Und dennoch gibt es auch die Situationen und Bereiche in Ihrem Leben, von denen niemand etwas weiß und auch niemand etwas erfahren soll. Es gibt eben doch eine Menge im Leben, mit dem frau alleinsteht. Wir sind doch stark, wir sind doch tapfer, wir halten das doch aus. Na klar halten wir das aus. Aber ob es uns gut dabei geht oder ob es eben nur gerade so zum Aushalten war, das ist dann doch ein Unterschied. Die meisten von uns sind tapfer. Wenn es zum Aushalten ist, dann ist es doch in Ordnung. Oder?

Manche von uns aber ahnen, dass sie ganz schön viel unter der Oberfläche haben, was heraus möchte. Das ist mehr als das, was wir unserer guten Freundin auf der Wohnzimmercouch erzählen können und werden.

Manche von uns haben dafür gar kein Gefühl. Sie leben so, wie ich früher lebte: mit dem „Bei mir ist doch alles in bester Ordnung"-Gefühl. Da gibt es doch eigentlich nicht viel zu besprechen, denn mein Leben läuft doch. Ich bin doch eine Frau, die anderen ganz viel anvertraut und auch anvertraut bekommt.

Und genau dieses Gefühl war ja nun bei mir ins Wanken gekommen. In den vertraulichen Gesprächen, die für mich begannen, kamen nach und nach auch solche Dinge an die Oberfläche, von denen niemand etwas wusste und auch niemand etwas erfahren sollte. Ich selbst wusste vielleicht am wenigsten von diesen Dingen. Dieser wohlgehütete Schmerz im eigenen Herzen! Das waren die Dinge, die wehtun. Sie tun so weh, dass man denkt, man hält das nicht aus, wenn sie herauskommen. Deshalb sind sie wohlgehütet. Vielleicht sollte ich besser sagen: Der tief sitzende Eisberg meines Herzens. Groß und mächtig, scheinbar unumstößlich war er da.

Wissen Sie, was das für ein Eisberg war? Ahnen Sie etwas von meinem wohlgehüteten Schmerz? Es war eine Erkenntnis, mit der ich im Leben nicht gerechnet hatte: Ich hatte mich noch nicht von meinen Eltern gelöst. Aber nun der Reihe nach.

Nesthocker

Vielleicht kennen Sie **Nesthocker**? Das sind Tiere, die zunächst in großer Abhängigkeit von ihren Versorgern leben müssen, kleine Singvögel oder Nagetiere zum Beispiel: Blind, nackt und hilflos kommen sie zur Welt. Und dementsprechend müssen sie versorgt und gepflegt werden. Wir sprechen ja so schön davon, dass dann jemand, ein Vogel zum Beispiel, flügge geworden ist. Damit meinen wir: Unser Nesthocker hat seine Zeit im Nest gebraucht und ist nun selbstständig. Die gute, kuschelige Zeit hat ihr Ende: Hey, die Flügel werden tatsächlich tragen!

Oder das Wildkaninchen! Zehn Tage darf es in einer wunderschönen unterirdischen Höhle, gepolstert mit ausgerupftem Barthaar der Mutter, wachsen; dann verlässt es zum ersten Mal das Nest: „Hallo, Welt, ich bin da." Zehn Tage Zwischenstation und nun geht es richtig los.

Ich wage den Vergleich: Auch Menschen können Nesthocker sein. Sie haben üblicherweise eine relativ lange Zeit, in der sie von ihren Versorgern, den Eltern, abhängig sind, und das ist gut so. Problematisch wird es dann, wenn diese Zeit länger dauert.

Was nützen unserem Vogel die Flügel, wenn er sich nicht zu fliegen traut? Und was nützen einer Frau ihre Möglichkeiten, Fähigkeiten, Chancen, wenn sie sie nicht ausreichend nutzt? Wenn sie sich kein eigenes Urteil zutraut? Wenn sie sich immer wieder selbst abhängig macht, zum Beispiel von den Meinungen anderer? Wenn sie in vielem passiv ist und hofft, dass alles so bleibt, wie es immer war?

Sie wirkt dann wie ein Vogel, der über den Rand des vertrauten Nests schaut und sagt: „Oh, das ist aber tief!" Und die Angst, die ihm dort begegnet ist, wirkt stärker als seine kräftigen Flügel, die das alles locker packen würden.

Es kann auch so sein, dass unsere „Nesthockerfrau" noch nicht über die ausreichenden Möglichkeiten, Fähigkeiten und Chancen verfügt. Wir haben ja im dritten Kapitel darüber gesprochen, was so alles wachsen sollte, damit eine Frau klar und gut leben kann. Vielleicht fehlt da noch eine Menge Sicherheit im Umgang mit andern Menschen oder Initiative, um gut für sich selbst zu sorgen. Dann ist unsere Nesthockerfrau nur bedingt lebensfähig.

Das Fatale daran: Den Nesthockervogel, der den Abflug nicht wagt, können wir im Nest beobachten. Eine Frau, die noch nicht ihre Loslösung richtig vollzogen hat, kann man manchmal nur ganz schwer erkennen. Und sie selbst kann sich manchmal fast gar nicht als Nesthockerin erkennen.

Menschen können eben auch Nesthocker sein; sogar, wenn sie „ausgezogen" sind und auf eigenen Füßen zu stehen scheinen. Innerlich sind sie noch nicht richtig ausgezogen. Das eigene Nest ist vielleicht schon längst mit Hilfe von Ikea oder den vererbten Resten von Onkel und Tante eingerichtet, aber wir selbst sind noch nicht nachgekommen. Wir sind noch nicht wirklich ausgezogen, geschweige denn in unser eigenes Leben eingezogen. Wir sind noch nicht richtig abgenabelt. Vielleicht studieren wir dreihundert Kilometer entfernt von „zu Hause" oder wir leben bereits als Familie mit Mann und Kindern. Aber die innere Unabhängigkeit und Selbstständigkeit sind nicht wirklich erreicht worden. Das ist etwas, das gar nicht groß auffällt, denn dass wir auch als Erwachsene Kontakt mit unseren Eltern haben, das ist doch völlig klar. Und so mag alles normal erscheinen und doch nicht gut sein.

Menschen, Frauen, die Nesthocker sind, sind noch unterentwickelt. An vielen Stellen klemmt und hapert es. Diese Dinge sind nicht gleich sichtbar, aber sie erschweren das Leben dieser Frauen und folglich auch das Leben derer, die ihnen lieb und wert sind.

Ich stelle Ihnen einige Nesthockerinnen vor.

Da ist Eva. Sie ist bereits berufstätig, lebt aber noch zu Hause. Das müsste kein Problem sein, es ist aber eins. Sie kommt von der Schicht im Krankenhaus nach Hause und das Einzige, was sie will, ist ihre Ruhe. Sie hat ein ihr gut tuendes Ritual: erst mal einen Blick in die Zeitung werfen, dann sich etwas Leckeres kochen und anschließend ein kurzes Nickerchen halten. Danach ist sie gern bereit, sich dem Rest ihrer Welt wieder zu stellen. Es klopft, während sie noch Zeitung liest. Auch das noch! Innerlich stöhnt sie schon. Es ist ihre Mutter, die sich auf ein Pläuschchen freut. Sie wohnt nebenan und kann schnell mal vorbeikommen. Müde öffnet Eva die Tür, und anstatt zu sagen: „Hallo, Mama, du, ich komm nachher gern rüber und wir trinken was zusammen", bittet sie die Mutter widerwillig herein. Eva hat Angst. Sie hat Scheu, sie hat Angst davor, ihrer Mutter klare Grenzen zu setzen. Sie hat auch schon über ein Grundsatzgespräch nachgedacht; die ganze Sache könnte ja mal in Ruhe angesprochen werden. Aber sie bringt es einfach nicht über die Lippen.

Und weil es an dieser Stelle nicht klappt, klappt es auch an vielen anderen Stellen nicht. So wird der Urlaub zu Hause zum Riesenproblem, anstatt zur Quelle der Erholung. Da hat Eva ja richtig Zeit und kann sicher auch im gemeinsamen Garten etwas tun. Denkt die Mutter. Selbstverständlich sollte Eva sich im gemeinsamen Garten an Arbeiten beteiligen. Aber im Urlaub braucht sie eigentlich die Zeit für ein paar Fahrradtouren, für ausgedehnte Frühstücke auf dem Balkon und insgesamt lechzt sie nach dem Urlaubsgefühl: Keiner spricht mich an. Weit gefehlt. Eva hat ja nun endlich Zeit. Denkt ihre Mutter. Immer wieder fehlt es an Absprachen, an klaren Grenzen. Immer wieder gibt Eva klein bei. Immer wieder richtet sie sich innerlich nach dem, was die Mutter möchte und erfreut und fordert. Sie ist nicht frei, sondern gebunden. Eva hat einen eigenen Haushalt, wäscht ihre Wäsche selbst und versorgt sich auch allein. Aber dennoch ist sie nicht wirklich innerlich unabhängig geworden.

Und da ist Hanne. Sie lebt nicht mehr in ihrer Heimatstadt. Zu ihrer Familie gehören neben ihrem Ehemann drei Kinder: zwei Jungen, ein Mädchen. Eigentlich könnte alles wunderschön sein. Sie sind finanziell gut gestellt, nicht reich, aber sie können sich allerhand leisten. Die Kinder sind begabt und gesund. Hanne hat sogar einen kleinen Job gefunden, den sie jetzt vormittags gut ausfüllen kann, während die Kids in der Schule sind. Wenn da nur ihre Tochter Emma nicht wäre! Irgendwie ist das immer schwierig mit ihr und Hanne. Nun, oft ist im Alltag so viel los, dass sie dem nicht nachgehen kann. So denkt Hanne: Mit Mädchen ist es halt schwieriger als mit Jungs! Sie sucht Rat bei einer älteren Frau aus ihrer Kirchengemeinde. Und in vielen Gesprächen erkennt Hanne nach und nach etwas ganz Schreckliches: Sie merkt, dass sie, die große und begabte Hanne, Angst vor ihrer Tochter hat. Sie hat riesige Angst vor ihr, nämlich davor, dass Emma sie hassen könnte. Und weil sie mit dieser tiefsitzenden Angst schon viele Jahre lebt, spürt ihr Mädchen das. Sie spürt instinktiv, dass sie nur begrenzt Zugang zu ihrer Mama hat. Dass ihre Brüder näher dran sind an Mama. Sie spürt, dass Mama manchmal innerlich dicht macht. Und weil sie ein Kind ist und es nicht benennen kann, deshalb redet sie auf ihre Weise. Sie wird aufsässig. Sie motzt viel. Sie lässt sich nichts sagen. Sie schludert mit ihren Hausaufgaben. Viele nett ausgedachte schöne Situationen macht Emma kaputt: So hat sie scheinbar keine Freude am gemeinsam geplanten Ausflug und sorgt dafür, dass sie wegen ihrer Aufsässigkeit letztlich zu Hause bleiben muss. Also fahren nur vier Familienmitglieder in den Freizeitpark.

Nach und nach kommt Hanne hinter diese schreckliche Wahrheit: Sie hat Angst davor, dass ihre Tochter sie hasst, und demzufolge hat sich ein riesiger Schwanz an Problemen eingestellt. Ja, wie um Himmels willen kann denn Hanne auf diese schrecklichen Gedanken kommen?

Irgendwann wird klar: Das kommt daher, weil sie selbst in einer Hassliebe zu ihrer Mutter stand, was ihr nie bewusst war. Sie selbst hat an vielen Stellen Gefühle in sich vergraben, in denen ihre Mutter ihr ganz unangenehm, peinlich, schrecklich war. Und weil man „so etwas" nicht denken und fühlen, geschweige denn sagen darf, hat sie es in sich vergraben. Einer dieser tief sitzenden Eisberge. Und nun belastet es das Verhältnis zu *ihrer* Tochter. Das Verhältnis zur eigenen Mutter war noch nicht gelöst, und so ist ihr Herz gebunden und kann in der nachfolgenden Generation nicht das leben und sein, was sie, die Tochter, eigentlich möchte. Auch Hanne ist eine Nesthockerin, obwohl ihr Leben nach außen hin etwas anderes zeigt. Sie ist ja bereits vor langer Zeit ausgezogen und hat selbst eine Familie gegründet. Innerlich aber hat sie Altlasten mit sich herumgetragen und die Beziehung zur Tochter damit unbewusst belastet. Emma ihrerseits empfindet nämlich gar keinen Hass ihrer Mama gegenüber. Aber sie ist sehr irritiert darüber, dass ihre Mama ihr oft so fern ist. Wie schrecklich! Wie entsetzlich. Da kann man nur weinen, wenn man Hanne ist. Und wie gut, dass Hanne nun eine Frau neben sich hat, mit der sie das jetzt in Ruhe angehen kann. Hier taut ihr Eisberg auf, der ihre Beziehung zu Emma eingefroren hatte. So etwas geschieht nicht mal so eben nebenher. Das braucht Zeit, Gespräche, Unterstützung, Willenskraft, Hoffnung. Aber aufgrund von Hannes Ehrlichkeit sich selbst gegenüber und ihrem bewussten Willen, an dieser Situation etwas zu tun, bleibt das Verhältnis zu Emma nicht belastend und schrecklich. Nach Jahren hat sich Hannes Angst verwandelt. Sie kann nun ihrer Tochter unbefangen und frei begegnen.

Da ist Vicky, eine Frau in den Dreißigern, schon über zehn Jahre verheiratet. Ausgezogen von zu Hause ist sie vor fünfzehn Jahren, als sie Tim kennenlernte. Also dürfte das mit dem Abnabeln ja längst gelaufen sein. Vicky hat nie mit ihrer Ehe gespielt, sich auch nie in einen anderen verliebt in diesen Jahren. Aber was sie irgendwann spürt, ist, dass sie ihren Mann verachtet. Schleichend, nach und nach, haben sich immer mehr Situationen eingestellt, in denen ihr nur noch dieses Gefühl übrig blieb. *Eigentlich kann man nur auf Tim heruntersehen, so wie er sich gibt, so wie er lebt und was er tut.* Das war kein Entschluss von ihr, sondern in einem schleichenden Prozess haben sie sich immer mehr auseinandergelebt. Sie hat viele Dinge nicht angesprochen. Sie hat es hingenommen, dass er hauptsächlich für seinen Beruf lebte. Sie hat sich immer mehr von ihm zurückgezogen und trotzig ihr eigenes Leben aufgebaut – mit Freundinnen, Fitnessstudio und Ehrenämtern.

Und weil sie es dann irgendwann nicht mehr ausgehalten hat, sucht sie sich eine Beraterin. Nach und nach erkennt sie die Wahrheit: Sie hat sich nicht nur über die Jahre von Tim entfernt. Sie war noch nie wirklich nah an Tim dran! Eigentlich sagt sie die furchtbare Wahrheit noch ehrlicher: Sie hat nie wirklich lieben können! Weit über dreißig Jahre ist sie alt, als diese Erkenntnis sie trifft und fordert. Obwohl sie verheiratet ist und Sex mit Tim hat, ist sie eigentlich noch nicht richtig verheiratet. Sie kann sich Tim noch gar nicht hingeben. Sie ist in ihren Gefühlen stehen geblieben, stecken geblieben. Vieles, was zum Lieben gehört, hat sie nicht gelernt. Sie spürt ihren Nachholbedarf. Als Nesthockerin hat sie manches von ihrem Partner erwartet, was ein Partner ihr gar nicht geben muss und kann. Sie wiederum konnte vieles nicht geben, weil sie es nicht gelernt hatte. Sie hatte leere Hände und ein leeres Herz. Da sie es nicht anders kannte, hat sie über viele Jahre nicht gewusst, dass sie auch noch ganz anders leben könnte. *Ehe ist eben doch nicht mehr als eine lockere Wohngemeinschaft,* dachte sie. Das war ihr Eisberg. Höchste Zeit, das Lieben zu lernen. Allerhöchste Zeit, sich in einem langen Prozess aufeinander zu zu bewegen.

Und da ist Susanne. Im Gegensatz zu den anderen Nesthockerinnen ist sie die Sache bewusst angegangen. Sie ahnte, dass sie an sich arbeiten sollte, und hat sich zunächst für ein paar Gespräche bei einer guten Therapeutin angemeldet. Sie merkt bald: Hier ist sie richtig. Denn hier erlebt sie an sich selbst, wie sie ein richtiges seelisches Geburtserlebnis hat. Es ist für sie so, als komme sie zum ersten Mal richtig auf dieser Welt an. Die Nabelschnur zwischen ihrer Mutter und ihr wird zum ersten Mal durchtrennt. Susanne ist Anfang dreißig und nun eigentlich ein Baby! Das ist ihr – heilsamer – Schrecken: Sie hat in engster Symbiose mit ihrer Mutter gelebt. Sie fühlte mit ihr, dachte mit ihr, handelte mit ihr. Sie war eigentlich noch gar keine eigenständige Person, sondern ein Schatten ihrer selbst. Das hatte keiner gewollt, aber es war so gekommen. Was für eine Erkenntnis! Ein riesiges Gefühl von „Betrogensein" tat sich in Susanne auf. Sie fühlte sich betrogen um viele Jahrzehnte Leben, die sie wie amputiert hinter sich gebracht hat. Der Schatz an Neuem, der sich nun auftut, der war ihr scheinbar vorenthalten worden. Sie braucht all ihre Kraft, um nun zu einer eigenständigen Frau heranzuwachsen. Sie will jetzt endlich die Susanne werden, die sie sein kann – so, wie sie von Gott gedacht war.

Manches aus dem Wandel dieser Frauen kenne ich auch, kenne ich gut! Was für ein Schmerz für mich, Kerstin Wendel, als mir ganz langsam dämmerte: Auch ich bin eine Nesthockerin!! Obwohl ich so gut mit meinen Eltern diskutieren konnte, obwohl ich allein Urlaub gemacht hatte, obwohl ich bereits selbst eine Familie gegründet hatte, war ich noch nicht richtig ausgezogen. Ich hatte immer gedacht: *Na, an dieser Stelle ist doch bei mir alles in bester Ordnung. Aber wirklich in bester Ordnung. Das hätte doch gar nicht besser laufen können.* Ich wurde ja sogar manchmal von anderen darum beneidet, wie gut das bei mir lief. Und nun musste ich auf ganz schmerzhafte Weise spüren: Ich habe mich da getäuscht. Auch das ist ein Bereich in meinem Leben, an dem ich Nachreifen nötig habe. Das war nun allerdings mit wesentlich mehr Schmerz verbunden als einige der Erkenntnisse, von denen ich im letzten Kapitel berichtet habe. Zum Beispiel die Erkenntnis, zu häufig anderen gegenüber „Ja" gesagt zu haben.

Kerstin Wendel als Nesthockerin!? Und wie hing das

nun zusammen mit meinen Rückenschmerzen? In einem tief greifenden Erlebnis nach einem dreiviertel Jahr Therapie erlebte ich an meinem Körper die schreckliche Wahrheit: Das Wachsen hin zu der Person, die ich sein sollte und noch nicht war, hing auch noch mit meinen körperlichen Schmerzen zusammen Die Fachleute nennen das psychosomatische Symptomatik. Vielleicht ist Ihnen der Begriff schon mal begegnet.

Der Schmerz, mich als Nesthocker zu spüren, war wesentlich stärker als aller Kummer, den ich je erlebt hatte. Hier ging es eben um die Auseinandersetzung mit meinem Gewordensein. Das zu betrachten tat weh wie nichts Vergleichbares. Hier ging es um ganz enge Bindungen. Wenn da etwas „nicht stimmt", ist es etwas ganz anderes, als wenn Sie mit den Nachbarn mal Ärger gehabt haben wegen dem Unkraut im Vorgarten. Der Schmerz, mich als Nesthockerin zu spüren, nahm mir den Boden unter den Füßen weg. Wie sollte ich im Leben jemals glücklich werden? Wie sollte ich das, was mir fehlte, alles aufholen? Ich muss Ihnen sagen, dass das für mich die schwerste Zeit meines Lebens war. Schwer und wertvoll zugleich. Ich weinte ganz viel. Der Kummer hatte mich überflutet und mein Leben in Beschlag genommen. Er prägte mein Leben für eine lange Zeit. Als er in mein Leben kam, war es draußen herbstlich, nebelig und kühl. Und genau so fühlte ich mich über einige Monate.

Wie gut, dass ich jetzt nicht alleine war! Wie gut, dass jetzt in meiner Gesprächspartnerin ein Gegenüber da war, um mich aufzufangen. Und wie gut, dass jetzt ein Gegenüber da war, um mir zu helfen, innerlich weiterzukommen. Trauerarbeit nennt man so etwas.

Ich kenne Menschen, bei denen das ganz unterschiedlich

ablief. Manche Frauen haben das in einzelnen kleinen Abschnitten erlebt und sich dann von Zeit zu Zeit wieder mit ihrer Gesprächspartnerin getroffen, um sich dem zu stellen. Ich kenne Frauen, die das so wie ich in einem Prozess durchlebt haben und dabei „ambulant" betreut wurden. Und natürlich gibt es auch Frauen, die das „stationär" durchleben. So war eine gute Bekannte von mir auf einer Kur, die sie aufgrund einer psychosomatischen Erkrankung angetreten hatte. Dort begann dann ihre Trauerarbeit, und sie hat sich dem in der Kur gestellt. Fernab vom Alltag war die nötige Zeit für sie vorhanden. Das tat ihr gut. Es passte zu ihrer Situation.

Für mich war es gut, in meinem Alltag verwurzelt zu sein. Das war zwar manchmal unwahrscheinlich widersprüchlich: Hier stehe ich im Supermarkt, regle den Einkauf und passe auf ein Kleinkind auf – und dabei wird die Spinatpackung nass. Nicht, weil sie nicht vorschriftsmäßig gekühlt war, sondern weil meine Tränen an ihr entlanglaufen. Das waren keine leichten Monate. Aber mein Alltag mit Waschmaschine und Einkaufszettel erwies sich ähnlich wie mein Buch zum Schreiben als etwas zum Festhalten. Die Hoffnung schimmerte durch: Ich werde noch mal wieder glücklich mit meinem Leben. Mein Alltag war wie ein Rahmen, der mich hielt. Während ich zwischendurch immer wieder dachte: *Es kann und darf alles nicht wahr sein!* – holten mich der Staub auf dem Klavier und die volle Windel in die Realität zurück. Das war so etwas wie ein Ruf nach vorn: *Hier wartet Leben auf dich, Leben, das gestaltet werden will!*

Es war allerdings so, dass am Anfang keine Hoffnung vorhanden war. Die Trauer kam in mein Leben wie ein Wirbelsturm und riss alles um, was nicht niet- und nagelfest war. Und doch musste diese Trauerzeit sein. Denn ohne sie hätte ich nicht vorangehen können! Im Gespräch sagte mir neulich eine Frau, dass sie erst mal diese Wege finden müsse, um zu trauern. Instinktiv spürte sie, dass das jetzt für sie angesagt ist. Ja, diese Wege müssen erst einmal gefunden werden.

Für die eine mag das im Haushaltalltag sein. Tränen auf zu bügelnden Wäschestücken ... Für die andere mag das der immer gleiche Spaziergang sein, der den tief sitzenden Kummer zum Lösen bringt. Für die nächste das Gespräch mit einer kompetenten Begleiterin, das weiterbringt. Der Weg ist egal, aber der Kummer muss heraus: Ohne Trauer wird es keine Heilung geben. Oder viel schöner ausgedrückt: Es wird sich Trost finden lassen! Da bin ich mir sicher. Und dieser Trost wird auf vielen Ebenen in Ihr Leben kommen. Dieses Buch wird Ihnen auch manche Trostquelle vorstellen.

Vielleicht ist Ihnen beim Lesen einiges eingefallen, was für Sie mit Schmerz und Traurigkeit zu tun hat. Da sind die kleinen oder großen Bürden, die wir alle so mitschleppen aus unserer Vergangenheit. Vielleicht hatten Sie viele Geschwister und haben sich danach gesehnt, mal wirklich wichtig gewesen zu sein für Ihre Eltern. Nicht nur eine unter fünfen. Vielleicht haben Sie erst mit neunzehn das Kochen gelernt, als Sie sich zur Krankenschwester ausbilden ließen. Warum nur war Ihnen das immer abgenommen worden? Und nun fühlen Sie sich nicht genug vorbereitet. Vielleicht haben Sie darunter gelitten, dass Ihre Schwester anscheinend begabter und beliebter war als Sie, und anscheinend hatte sie auch bei Ihrer Mutter einen großen Stein im Brett. Oder Sie hatten zu wenig Freiraum und wurden ständig in vielem kontrolliert.

Es kann auch sein, dass Sie noch größere Bürden mitschleppen aus Ihrer Vergangenheit. Vielleicht gab es in Ihrem Leben Missbrauch, sexuellen oder emotionalen. Und Sie haben diese Not in sich verschlossen. Ein trauriger Schatz, der Ihr Leben beschwert, weil er nicht ans Licht kommen sollte. Vielleicht sind Sie ohne Mutter aufgewachsen oder ohne wirklich anwesende Mutter. Vielleicht hat ein Elternteil getrunken und das Familienleben belastet. Vielleicht ist Ihr Vater nicht zurückgekommen aus der Kriegsgefangenschaft und Sie haben schon ganz früh unendlich viel Verantwortung zu Hause tragen müssen. Vielleicht haben Sie die Trennung Ihrer Eltern miterlebt und anschließend in eine Patchworkfamilie hineinfinden sollen.

Ich kann und will gar nicht unterscheiden zwischen großen und kleinen Bürden, denn es kommt darauf an, wie es Ihnen persönlich damit ging. Da mag manches sich für einen anderen Menschen gar nicht so schlimm anhören, aber es hat Sie eben doch belastet.

Vielleicht waren Sie ein Nesthocker, so wie ich. Sie haben sich nicht lösen können und ahnen das mittlerweile in manchen Situationen.

Nestflüchter

Vielleicht sind Sie aber auch ganz anders gestrickt. Neben den Nesthockern gibt es ja auch noch die **Nestflüchter**. Es sind Tiere, die voll entwickelt auf die Welt kommen – zum Beispiel Hasen, Hühner, Entenvögel, Gänse und auch Antilopen. Sie können nach ihrer Geburt bereits sehen, haben ein Gefieder oder Fell und sind bewegungsaktiv. Auch die

Stockente ist ein Nestflüchter. Nach dem Schlüpfen bleibt das Junge nicht im Nest, sondern folgt der Mutter zum Wasser. Die Fähigkeit zu schwimmen ist angeboren. So geht es gleich los ... Weder Schwimmarme noch Schwimmkurs sind nötig.

Ich meine: Auch Menschen können Nestflüchter sein. Manche von uns kommen mit einer großen Liebe für das eigene Leben, die Gestaltung des eigenen Zimmers, der Lust an der Selbstständigkeit und eigenen Entscheidungen auf die Welt. Sie lieben es von Anfang an, ihren eigenen Bereich zu haben, in den niemand hineinspricht. Sie sind mutig, vielleicht sogar wagemutig. Sie treffen ihre Entscheidungen im Herzen und sind nicht so leicht mehr umzustimmen oder zu belehren.

Mut, Selbstständigkeit, Fähigkeiten zur Gestaltung des eigenen Lebens sind ganz wunderbare und wichtige Eigenschaften. Problematisch wird es nur, wenn das Ganze zu früh einsetzt oder übermäßig gelebt wird. Auch dann sind die Dinge nicht so gereift, wie es gut und nötig gewesen wäre.

Vielleicht kennen Sie einen Nestflüchter, der vieles von dem, was man ihm an Liebe und Gutem anbot, nicht in Anspruch nehmen wollte oder konnte? Vielleicht steht Ihnen ein Nestflüchter vor Augen, der innerlich schon mit elf Jahren weit weg war von zu Hause, sich abgeschottet hatte und nur darauf wartete, sich nichts mehr sagen lassen zu müssen?

Frauen, die Nestflüchter sind, sind nicht gut lebensfähig, obwohl man das nicht gleich sieht. An vielen Stellen klemmt und hapert es. Das ist im eigenen Leben und im Zusammenleben mit anderen Menschen zu spüren.

Ich stelle Ihnen auch zwei Nestflüchterinnen vor.

Claudia war schon immer eine sehr Selbstständige. Ihr Lieblingssatz als kleines Mädchen war: „Claudi kann alleine." Und das stimmte sogar: Sie war pfiffig und konnte vieles sehr schnell ohne Hilfe. Sie lernte im Nu gewisse Fertigkeiten wie Fahrradfahren und Lesen. Ihr Freiheitsdrang war sehr groß. Heimweh kannte sie nicht. Schon als Kindergartenkind übernachtete sie mehrere Tage bei anderen. Später organisierte sie ihre Schulaufgaben sehr selbstständig. Wozu den Eltern groß Mitteilung machen über die Deutscharbeit? Das konnte sie allein regeln. Für ihre Eltern erwies sich Claudi als sehr pflegeleicht und da sie Geschäftsleute waren, die viel zu arbeiten hatten, kam ihnen das gar nicht ungelegen. Als Claudi eine eigene Busfahrkarte und Handy besaß, „nutzte" sie ihr Zuhause eigentlich nur noch unregelmäßig. Häufig übernachtete sie bei Freunden, die Eltern waren mit einer kurzen Nachricht zufrieden. Mit siebzehn wünschte sie sich von Papa, dass er ihr ein Zimmer in der Stadt einrichtete. Der hätte sie zwar eigentlich noch gern bei sich wohnen gehabt, aber da er ihren Willen, ihre Entschlussfreudigkeit und auch ihren Dickkopf kannte, willigte er seufzend ein. Problematisch wurde es erst, als Jens in Claudis Leben trat.

Sie, die gewöhnt war, alles alleine zu tun und zu entscheiden, sollte sich nun auf einen anderen Menschen einlassen? Das hatte sie nicht gelernt. Sie hatte auch nicht gelernt, dass Kompromisse einen zwar zunächst einschränken, sich diese Einschränkung aber lohnt, weil man als Mensch eben auch reich beschenkt werden kann mit einem Partner. Claudi hatte vieles nicht zu Hause lernen und empfangen wollen. Sie hatte sich auch nicht abgerieben mit ihren Bedürfnissen und Wünschen. Sie hatte nicht gelernt, auch einmal Rücksicht zu nehmen.

Und jetzt: Jens. Jens liebte die Berge. Für Claudi war „schöner" Urlaub in den Bergen jenseits ihrer Vorstellungskraft. Jetzt würde es gut sein, einen Kompromiss zu finden, alle zwei Jahre auch mal für einen Urlaub in den Bergen bereit zu sein. Das wusste sie. Und sie spürte, dass sie dazu überhaupt nicht offen war.

Claudi liebte es, nach der Arbeitszeit eine ruhige Stunde zu Haus zu verbringen: Kataloge anzuschauen oder die Tageszeitung, ein wenig im Garten zu sitzen, zu schweigen. Für Jens aber bestand die erste Erholung darin, sich ein gutes Essen zu kochen und laute Musik dabei zu hören. Claudi stellte sie ab, die Musik, und erwartete, dass er sich diese Art abzuschalten ganz abgewöhnen sollte.

Es war offensichtlich: Wenn sie sich für Jens entscheiden wollte, dann müsste sie vieles nachlernen, aufholen, umdenken. Sie müsste lernen, nicht nur „ich" zu sagen, müsste lernen, Kompromisse einzugehen und sie ohne eigene schlechte Laune auch zu akzeptieren. Sie müsste erkennen: Nur gegenseitiges Geben und Nehmen ermöglicht eine gelungene Partnerschaft. Als ihr das mit Anfang zwanzig bewusst wurde, erkannte sie sehr schnell, in welche Richtung sie sich weiterentwickeln müsste, wenn sie nicht auf Dauer als Single leben wollte.

Birthe ist elf und wohnt natürlich noch zu Hause. Aber die räumliche Nähe bedeutet für sie keine innere Nähe. Die Eltern haben ihr viel Gutes „gemacht und getan", aber Birthe hat es nicht gewollt. Am vergangenen Samstagabend zum Beispiel ein Racletteessen mit ihr und den Brüdern. Nur für sie als Familie. Birthe hat sich dazu herabgelassen, sich zwei Pfannen zu richten, dann ist sie wortlos aufgestanden und hat in ihrem Zimmer Kassette gehört. Sie hat das Lachen und Erzählen der anderen wohl gehört, trotz

Kassette. Aber sie konnte sich nicht überwinden, mit dabei zu sein. Zu oft hat sie sich rausgezogen aus den Unternehmungen und Angeboten. Irgendwie fehlt ihr jetzt die Kraft, sich zu überwinden und anders zu leben. Die Eltern haben sie gelassen … und wenn Birthe ehrlich ist, hätte es auch nichts gebracht, wenn ihr jemand nachgegangen wäre. Sie mochte sich nichts vorschreiben lassen – und genauso hätte sie eine zweite Aufforderung in Richtung Wohnzimmer empfunden: als Vorschrift. Birthe hatte sich schon von zu Hause gelöst, lange bevor die Zeit gekommen war. Sie hatte sich schon gelöst und das Weite gesucht aus einer Beziehung, die für sie vielleicht nie sehr nah, bindend und stärkend gewesen war.

Nesthocker, Nestflüchter? Das sind zwei Bilder, mit denen ich versucht habe, darzustellen, wie die innere Reise zu sich selbst manchmal nicht richtig glückt, sondern an irgendwelchen Stellen misslingt. Danben gibt es noch viele weitere Möglichkeiten, wie Mädchen oder Frauen irgendwo stehen geblieben sind. Kennen Sie diese oder andere Probleme auf dem inneren Reiseweg zu sich selbst?

Nesthocker, Nestflüchter? Vielleicht können Sie „Ihren Punkt" auch noch gar nicht benennen. Da ist vielleicht – ähnlich wie es früher bei mir war – so ein unbestimmtes Gefühl des Unglücklichseins. Bitte gehen Sie diesem Gefühl nach. Verschließen Sie es nicht wieder in die hinterste Besenkammer Ihres Herzens. Da, wo keiner herankommt und es dunkel und stickig ist. Das traurige Gefühl oder die erschreckende Erkenntnis wollen ans Licht, damit etwas damit geschieht. Damit Sie letztlich Erleichterung erleben. Wenn Sie erst mal ein Pack-Ende haben, dann werden sich weitere Erkenntnisse einstellen. Nach und nach werden Sie spüren und benennen können, wo Sie persönlich stehen, wo Sie festhängen, wo es in Ihrem Leben nicht weitergegangen ist.

In Ihrem Leben war vielleicht manches nicht gut. Und das brauchen Sie auch in Zukunft nicht gutheißen. Trauerarbeit aber bedeutet, dass man irgendwann wieder versöhnt ist mit seinem bisherigen Weg, mit allem Schmerzhaften und mit dem, was noch nachgewachsen ist. Trotz der Bürden kann man irgendwann ein erleichtertes Leben führen. Aber bevor man das kann, muss ganz viel ans Licht. Es muss erkannt und benannt und häufig auch beweint werden, bevor der Weg nach vorne dann offen und frei ist.

Erinnern Sie sich noch an den mit Tränen vollgetropften Spinat und die Windel, die zu meinem Alltag gehörten? Hier wartete Leben, das gestaltet werden wollte. Ein simples Beispiel mag das verdeutlichen: Weil ich eine unsichere Frau war, war ich auch eine unsichere Mutter – diese Bürde erkannte ich und wollte sie gern loswerden. Mein Ziel war es, eine sichere und klare Mutter zu werden. Eine, die liebt und Grenzen setzt … und bei den Grenzen nicht sieben Mal überlegt, ob die Kinder nun wirklich ihre Dreckschuhe ausziehen sollen oder nicht.

Wie unglaublich wohltuend war es für mich, auf diesem Weg der Veränderung eine Frau, eine kompetente Begleiterin neben mir zu haben. Hier konnte alles in einem geschützten und verschwiegenen Rahmen gesagt werden. Und hier konnte ich anschließend lernen, sicherer zu werden. Irgendwann fühlte ich mich dann sicher und ruhig in meinen Entscheidungen den Kindern gegenüber. Wie gut für mich und meine Kinder!

Ein anderes bewegendes Beispiel aus dieser Zeit des Lernens möchte ich Ihnen erzählen.

Ich telefonierte mit meiner Therapeutin. Das war an einem Freitagnachmittag. Plötzlich unterbricht sie mich mitten im Gespräch. So etwas war eigentlich noch nie vorgekommen. Und dann sagt sie zu mir: „Ich möchte eben meinen Mann verabschieden, der geht jetzt in die Stadt." Im ersten Moment will ich nach Luft schnappen. Augenblick mal, mir ist zum Heulen, und jetzt wird der Mann verabschiedet. Ja, kann denn der nicht alleine …? Doch, der konnte sehr wohl alleine.

Später, als wir aufgelegt hatten, durchfuhr es mich wie ein Blitzstrahl: Was hat sie da gemacht? Obwohl sie viel Arbeit hat, ist sie zu ihrem Mann gegangen und hat ihm einige Sekunden gewidmet. Wie viel Achtung, wie viel Wichtigkeit, wie viel klare Gewichtung in dieser kurzen Unterbrechung! Erst kommt die Ehe, dann andere Menschen. Auch die Kinder.

Und der nächste Blitzstrahl war auch ganz klar für mich: So lebe ich nicht. Für mich steht mein Mann nicht an dieser Stelle. Es war dringend an der Zeit, dass ich mein Verhalten als Ehefrau überdachte. Von da an liefen viele Dinge anders: Ich zog meine Putzklamotten aus, bevor er heimkam, und begrüßte ihn nicht mehr mit verschwitztem T-Shirt und aus dem vorletzten Loch pfeifend. Stattdessen mal mit gelbem Shirt (er liebt gelb) und fröhlich tanzenden Ohrsteckern. Ich bemühte mich, alle Misserfolge, Missgeschicke und sonstige erzählenswerten Dinge nicht sofort loszuwerden, sondern wartete auf die günstige Zeit. Ich gab verabredeten Abenden mit meinem Mann hohen Stellenwert, dem sich andere Termine, auch die mit Freundinnen, unterzuordnen hatten.

Das waren äußerliche Dinge. Aber es ging um noch wesentlich mehr: Ich lebte in dem Bewusstsein, für manche

Veränderungen in den nächsten Jahren offen zu sein. Veränderungen, um die Nähe zu leben, die in unseren noch unentdeckten Möglichkeiten lag. Und: Ich bemerkte jede Menge Ärger in mir. Das war Ärger, der zu Recht da war. Ich hatte immer gern mitgeholfen, meinem Mann mitgeholfen. Als Pastorenfrau gibt es da ein unendliches Feld, auf dem frau sich austoben kann. Und bei diesem Austoben hatte ich Grenzen überschritten und zu viel gemacht. Ich wollte ihn, meinen Mann, unterstützen, aber es ging über meine Kräfte. Ich wollte ihn unterstützen, aber ich sollte eigentlich nicht irgendetwas ausgleichen in diesem Bereich. Es war gut so, meine eigene Berufung in der Gemeinde zu leben, aber nicht mehr als das.

Außerdem merkte ich plötzlich, dass auch ich mich danach sehnte, mehr unterstützt zu werden. Das hatte ich nicht deutlich genug gesagt, nur erhofft. So nach dem Motto: *Das sieht man doch, dass die Sträucher im Garten geschnitten werden müssen!* Aber genau das sieht Mann eben nicht immer so einfach. Vielleicht sieht er es auch gar nicht, weil er ohne Garten aufgewachsen ist oder keinen Sinn dafür hat. Oder weil ihm Gartenarbeit keine Entspannung bringt, sondern eine Last ist. Ich jedenfalls musste lernen, meinen Ärger zu spüren, meine Bedürfnisse und Sehnsüchte zu sagen. Ich musste lernen, meinen Mann mit dem zu konfrontieren, was mich belastete. Und anschließend konnten wir kreativ werden und nach Lösungen suchen. Unsere Sträucher werden inzwischen übrigens geschnitten, aber nicht von mir. Und manchmal auch nicht von meinem Mann. Da schreibt er nämlich besser in beneidenswertem Tempo einen brillanten Artikel … und von dem Geld bezahlen wir einen Schüler. Der schneidet die Sträucher und hat anschließend Geld, seine Freundin ins Kino einzuladen.

Wie sich das alles auf uns, meinen Mann und mich, ausgewirkt hat? Ich glaube, wir konnten noch nie so harmonisch und kreativ zusammenarbeiten wie in den letzten Jahren, die diesen Auseinandersetzungen folgten. Wenn wir jetzt einen Gottesdienst zusammen leiten, ist eine Einheit zu spüren, die vorher nicht in dem Maße da war. So wird mir berichtet. Ich staune!

Das sind einige Beispiele aus unserer Ehe, die zeigen, dass frau sich ändern kann. Und das hat wieder Folgen, nicht nur für die Frau. Es sind Veränderungen, denen viele folgten und noch folgen werden.

Tja, einige Sekunden wurde ein Telefongespräch zwischen meiner Therapeutin und mir unterbrochen, wegen ihrem Mann, den ich nicht kannte – und viele, viele Folgen sollte das haben. Ich konnte nachreifen in dieser Beziehung mit meiner Therapeutin. Gute Anstöße für mein Leben konnte ich übernehmen.

Ach übrigens: Sie hat natürlich nicht in jedem folgenden Gespräch erst noch ihren Mann verabschiedet. Das hatte ich ja nun verstanden, was das mir zu sagen haben könnte …

Und wenn ich nun gar nicht verheiratet gewesen wäre? Wenn ich als Single leben würde? Auch dann hätte ich mich vom Nesthocker weiterentwickeln müssen. Da hätte zwar kein Mann auf mich gewartet, mit dem ich meine Zukunft zu gestalten hätte. Als Single-Frau wäre ich vielleicht berufstätig und würde es da merken … und in bestimmten Situationen an die eigenen Grenzen stoßen. Kennen Sie das?

Vielleicht merken Sie, dass Sie in Auseinandersetzungen innerlich oder äußerlich immer weglaufen. Sie halten die Gespräche im Team, in Ihrer Abteilung nicht aus. Immer wieder müssen Sie sich entschuldigen, weil Sie den anderen

Mitarbeitern etwas an den Kopf geworfen haben, was das Arbeitsklima nun belastet. Dann ist es an der Zeit, den Dingen auf den Grund zu gehen. Sie haben die Chance, dahin zu wachsen, dass Sie aufrecht und freundlich in diesem Team mitarbeiten können. Sie werden neu Achtung vor sich selbst gewinnen, und Ihre Mitarbeiter und Kollegen werden sich freuen, dass mit Ihnen so gut auszukommen ist.

Geht es Ihnen so, dass das ja alles gut und schön klingt, wenn nur nicht dieses eine Wort in diesem Kapitel herumgeistern würde? Das Wort heißt: Therapeutin.

O, wer könnte nicht mindestens zwei schreckliche Geschichten erzählen von Brigitte, die damals bei Frau X war und bei der dann ... oder von Svenja, die sich doch tatsächlich getraut hat ..., nachdem sie bei einer Therapeutin zum Gespräch war.

Ja, das gibt es alles. Es gibt jede Menge seltsamer Geschichten von Menschen, die bei Therapeuten waren. Und: Es gibt sicher auch jede Menge falscher Urteile und Vorurteile über Therapeuten, die wir so mit uns herumschleppen. Solche Urteile sind vielleicht überholungsbedürftig. Auch ich musste mich von diesen falschen Urteilen befreien. Ich hätte mir sonst selbst im Weg gestanden und mir meine Zukunft verbaut.

All unser Wissen und unsere Einstellungen sollten uns nicht daran hindern, einen für uns guten Weg einzuschlagen. Manchmal geht dieser gute Weg nur mit einer Vertrauensperson zusammen. Ich möchte Sie ermutigen, Ihre Ängste und schlechten Erfahrungen mal hintenanzustellen. Wenn Sie spüren: Eigentlich wünsche ich mir eine Person, mit der ich persönliche Dinge meines Lebens vertraulich besprechen kann, dann sollten Sie diesem Wunsch nachgehen. Sie sollten sich so ernst nehmen, dass Sie Ihren Wunsch umsetzen.

Wie aber finde ich diese Person? Und: Muss es denn immer gleich eine Therapeutin sein?

Für ein erstes Gespräch muss es nicht unbedingt eine Therapeutin sein, meine ich. Vielleicht sind Ihre Vorbehalte dafür zu groß oder Sie wissen einfach nicht so genau, wie Sie eine für sich passende Person finden können. Dann kann das Gespräch mit Ihrer Hausärztin, mit einer Frau Ihrer Kirchengemeinde oder in einer Beratungsstelle Ihrer Stadt vielleicht hilfreich sein. Im Gespräch wird sich das klären lassen, wo Sie am besten aufgehoben sind und wo Sie weiter suchen können.

Es kann natürlich sein, dass Sie dort die Empfehlung bekommen, eine Therapie zu beginnen; dann könnte noch folgender Hinweis wichtig sein: Sie können Probegespräche vereinbaren. Sie müssen nicht bei einer Frau bleiben, die Ihnen nicht sympathisch ist. Selbstverständlich kann man herausfinden, ob die Wellenlänge stimmt. Es hat sich bewährt, drei bis fünf Gespräche miteinander zu führen. Anschließend kann man in Ruhe entscheiden, ob man sich gemeinsam weiter auf den Weg machen kann oder nicht.

Vielleicht findet man auf Anhieb die „Richtige". Vielleicht braucht es auch einen Anlauf mehr. Sie werden selbst spüren, ob es stimmig ist oder nicht. Auch in anderen Lebensbereichen sind wir ja kritisch und wählen aus ... die Friseurin, den Schuster, die Hausärztin. Fragen Sie sich, ob Sie Ihrer Gesprächspartnerin *vertrauen* können. Dann sind Sie an der richtigen Stelle.

Ach, und das liebe Geld? Es gibt kostenlose Angebote und selbstverständlich auch Dienstleistungen, die privat zu bezahlen sind. Wenn Sie zu einer niedergelassenen

Psychotherapeutin gehen, dann können Sie sich von Ihrer Hausärztin überweisen lassen. Ihre Gespräche werden dann über Ihre Krankenkasse abgerechnet. Auch gibt es in vielen Städten Beratungsstellen, die zum Beispiel den Landeskirchen unterstellt sind. Dort können Sie kostenlose Gespräche vereinbaren. Daneben gibt es zahlreiche Angebote von ausgebildeten Seelsorgern und Therapeuten, die auf Honorarbasis arbeiten. Das braucht uns nicht abzuschrecken, denn jede andere Dienstleistung, die uns etwas wert ist, bezahlen wir ja auch.

Vielleicht bekommen Sie bei einem ersten Gespräch auch den Rat, sich eine Seelsorgerin zu suchen. Also keine Therapeutin, aber eine verschwiegene, ausgebildete, kompetente Frau, der Sie sich anvertrauen können. Es hat sich bewährt, wenn man dabei auf ein wenig Abstand achtet: Manchmal ist es hilfreich, der eigenen Seelsorgerin nicht so häufig auch zu anderen Gelegenheiten zu begegnen, beim Gemeindeausflug, der Mitarbeiterstunde und dem Gottesdienst. Vielleicht findet sich in der Nachbargemeinde eine Person, mit der Sie „gut können", mit der die Wellenlänge stimmt.

Eine absolut hilfreiche Sache: Eine gute Bekannte von mir hat sich für einige Zeit in einer Gemeinde eine Frau gesucht, zu der sie einmal im Monat geht, um ihr Leben auszubreiten. Diese Bekannte ist Single. Sie ist berufstätig. Sie hat den Wunsch, immer mehr eine starke, sanftmütige, liebesfähige Frau zu werden, obwohl auch auf ihrem Weg Steine liegen. Diese Frau ist übrigens nicht Anfang zwanzig. Sie ist Anfang fünfzig. Ist das nun eine Bankrotterklärung, solche Gespräche zu führen? Ich finde nicht, ganz im Gegenteil: Diese Frau ist offen, ihr Potenzial weiterzuentwickeln. Sie ist bereit, sich selbst auf die Spur zu kommen, und sie lässt sich aus diesem Grund einen Spiegel vorhalten. Mich begeistert ihre Bereitschaft. Sie ermutigt mich, andere Frauen auch zu solch einem Weg zu ermutigen!

Ich sehe die positiven Veränderungen dieser Frau und manch anderer mir bekannter Menschen. Und sie zeigen mir, dass es der richtige Weg ist, den sie eingeschlagen haben. Meine eigenen positiven Veränderungen zeigen mir: Es ist der richtige Weg! Noch nie konnte ich so gut, klar und leicht leben wie jetzt. Schreckliche Erkenntnisse konnten ans Licht kommen und betrauert werden, und irgendwann konnte ich Abschied nehmen davon.

Es ist bei meiner Bekannten so wie bei mir und wie auch bei Ihnen, liebe Leserin: Es steckt vielleicht noch ganz viel in uns. Und das möchte heraus, möchte gelebt werden! Und es kann auch gelebt werden. Das ist doch einfach klasse!!!

Wollen wir darauf anstoßen? Mit Cappuccino, Wasser oder dann doch lieber einem anregenden grünen Tee, der uns fit macht, den Telefonhörer zu ergreifen? Vielleicht wollen Sie nämlich ganz mutig eine Gesprächspartnerin für sich suchen; eine Frau, die neben Ihnen steht und die Sie auf der ersten Strecke Ihres neuen Weges begleitet.

6. Frauen sind geliebt

Wie bitte? Was stand da in der Überschrift? Frauen sind geliebt! Na, das ist ja starker Tobak! Schwang denn nicht die ganze Zeit mit, dass frau sich nicht angemessen verstanden und geliebt gefühlt hat?

Es ging doch gerade darum, endlich mal Gedanken zuzulassen, die Unzulängliches in unserem Leben ans Tageslicht brachten.

Und ... wer soll uns denn da Verständnis, Sympathie, ja Liebe entgegenbringen?

Frühjahr 2002: Ich war in fast jeder Hinsicht meines Lebens am Ende. In meinem persönlichen Leben fühlte es sich an, als sei ein Wirbelsturm hindurchgefegt.

Für mich war alles offen und unklar, mein persönlicher neuer Weg noch ganz am Anfang. Ich lebte weiterhin mit meinem Mann und meinen zwei Kindern in der Familie. Alltag zwischen Windelwechsel, Kinderwagen, Reiswaffel, Flötenunterricht, Spielen, Gemeinde. Gut und schön. Aber innerlich war eben alles offen und unklar. Wie und wohin werde und muss ich mich in den nächsten Jahren entwickeln? In mir bebten die Fragen, die Unsicherheiten, die Tränen. Mitten in diesem privaten Chaos stellte sich heraus, dass wir auch noch in eine andere Stadt umziehen sollten. Also auch noch äußerer Aufbruch. Schlimmer konnte es ja nun fast nicht mehr kommen.

Mein Mann ermutigte mich sechs Wochen vor dem Umzug, mit einer Freundin eine kurze Zeit an der Ostsee zu verbringen. Hier an meinem geliebten Meer sollte ich ein wenig Kraft schöpfen. So war es geplant.

Wir ahnten beide nicht, dass sich diese paar Tage als intensive, ja „therapeutische" Zeit entwickeln sollten, in denen vieles hochkam. Ich schrieb wie eine Weltmeisterin. Von wegen Kraft schöpfen an der Ostsee! Es wurde innerlich eine arbeitsreiche Zeit. Und eine ertragreiche!

In einer ausweglosen Nacht, allein in der stillen kleinen Ferienwohnung, bekam ich Besuch. Ich erlebte Gottes Liebe und Zuwendung zu mir so stark und aufbauend, wie ich es nie vorher erlebt hatte. Erinnern Sie sich noch an das erste Kapitel „Frauen auf Entdeckungstour"? Da erwähnte ich, dass es auf dem persönlichen Weg der Veränderung auch Dinge gibt, die frau nicht *machen* kann. Sie können nur an uns geschehen. Das ist ein zutiefst fraulicher Zug, um den es da geht: die Bereitschaft, zu empfangen. Babys können Liebe ihrer Bezugspersonen empfangen, Frauen können durch ihre Sexualität neues Leben empfangen, und so gilt auch: Frauen können Heilung empfangen. Sie können Heilung empfangen, wenn sie sich danach sehnen.

In Dahme an der Ostsee war für mich dieser Zeitpunkt gekommen. Ich durfte weitere Schmelzkraft für meinen inneren Eisberg empfangen und gleichzeitig Trost für meinen Schmerz. Durchdringenden Trost. Nach nichts anderem sehnte ich mich mehr. Sie fragen vielleicht, wie das gehen konnte. Ich will versuchen, es Ihnen mitzuteilen und hoffe, dass die einfachen, simplen Worte ausreichen, damit Ihr Herz den Schatz spüren kann. Diesen ungeahnten, unerwarteten Schatz aus Liebe.

Hellwach lag ich nachts im Bett. Vielleicht war es zwei Uhr? Ich weinte, schlimmer kann man nicht weinen. Keiner da, um zu trösten. Und dann kam plötzlich ein Lied in mich hinein. Es kam in meine Gedanken, es kam in meinen Körper. Es war ein Lied, zu dem ich eigentlich keine

Beziehung hatte. Ein uraltes Lied: „Gott ist die Liebe, lässt mich erlösen. Gott ist die Liebe, er liebt auch mich. Drum sag ich's noch einmal, Gott ist die Liebe, Gott ist die Liebe, er liebt auch mich." Ich schätze, dass ich das Lied im Kindergottesdienst früher rund fünfundzwanzig Mal heruntergesungen hatte. Achselzucken damals bei mir, wenn ich es sang: simple Melodie, schlichter Text. Es hat mich nie groß bewegt. Ganz anders nun in dieser Nacht. Auf einmal wurde ich erfasst von diesem Lied. Besser gesagt: Ich wurde erfasst von einer Liebe, die vor keinen Tränen und vor keinem inneren Eisberg haltmacht.

Diese Liebe sagte nicht: „Das gilt für viele Frauen in vielen Situationen, aber hier und jetzt nicht." Oder: „Komm, jetzt stell dich mal nicht so an." Nein, es war kein Zweifel daran und keine Frage in mir, sondern feste Gewissheit: Ich werde erlöst! Ich werde irgendwann ganz losgelöst von meinen Tränen, die mir so unendlich und so untröstbar erschienen. Ich bin geliebt. Tatsächlich. Auch vor meinem verkorksten Leben und allen Unfertigkeiten macht diese Liebe nicht kehrt oder wendet sich ab. Im Gegenteil! In dieser Nacht wurde ich ruhig mit diesem Lied.

Und gleichzeitig passierte noch etwas: Es öffnete mir den Zugang, Gottes Liebe von da an mit meinem ganzen Wesen erfassen zu können. Ja, es ist ein großer Unterschied, ob ich mit meinem Verstand einen Liedtext vor mich hinsagen kann oder ob mich ein Lied von innen her erfasst, mich so berührt, als ob mir ein Mann seinen ersten Liebesbrief zusteckt. Ich wurde ruhig, obwohl sich meine Situation in keiner Weise geändert hatte. Wenn ich in mich hineinspürte, dann waren da Zuversicht und Ruhe. Nicht immer, aber immer wieder. Das tat einfach gut. Ich war nicht mehr untröstlich.

Obwohl kein Mensch in dieser Nacht an der Ostsee bei mir war, kam unerwartet Tränen-Trost! Und so etwas konnte also durch ein simples, uraltes Lied geschehen; ein Lied, über das ich manches Mal früher müde gelächelt hatte.

Jesus selbst hat mich durch dieses Lied besucht.

Wenn ich Glück habe, haben Sie bis hierher gelesen … und nicht müde gelächelt: „Klar, jetzt kommt sie mit so einer Geschichte. Nun ja, wenn ihr das geholfen hat …"

Wenn ich noch mehr Glück habe, dann lesen Sie auch noch den nächsten Satz:

Ich bin mir sicher, dass Jesus auch an Sie diese Frage hat, die lautet: „Erlaubst du mir, dass ich mich für dich einsetze?" Auch in Ihrem Leben gibt es ja vielleicht Schmerz und Kaltes. Da gibt es Gedanken und Erlebnisse, die Sie am liebsten weit weg wünschen aus Ihrem Leben und Ihren Träumen. Und für diese Gedanken und Erlebnisse soll sich Jesus einsetzen? Wieso sollte Jesus ein Interesse an Ihnen und Ihrem Eisberg haben? Wieso sollte er sich in irgendeiner Weise für Sie einsetzen wollen?

Ich bin mir deshalb so sicher, dass er es tun will, weil ich in vielen Geschichten der Bibel auf diesen Jesus treffe, der Frauen auf liebevolle und persönliche Weise begegnet. Nicht nur das. Ich durfte es auch miterleben, wie er seine Schmelzkraft gezeigt hat im Leben von Frauen meiner Umgebung. Alter, Größe des Eisbergs, Taschentuchverbrauch der Frauen und sonstige Einzelheiten waren dabei egal. Immer wieder habe ich Eisberge schmelzen sehen. Immer wieder hat er sich eingesetzt.

Es gibt Situationen in unserem Leben, in denen wir uns selbst nicht mehr weiterhelfen können. Das sind Situationen, in denen Jesus uns fragen will: „Erlaubst du, dass ich mich für dich einsetze?"

Eine, die das erlebt hat, war eine Frau, die mit dem sechsten Mann zusammen war. Sechs Männer? Das geht nicht ab ohne Bitterkeit, ohne Enttäuschung, ohne Trauer, ohne Probleme. Vielleicht war sie schlechter dran als Sie, liebe Leserin. Vielleicht war sie verletzter, als ich mich fühlte. Das ist egal. Sie war eine von denen, auf die Jesus traf und mit der er dann einfach sprach. Die Bibel erzählt davon in einer langen Geschichte. Die zwei begegnen sich an einem Brunnen und Jesus nimmt das Wasser in diesem Brunnen zum Anlass für ihr Gespräch. Er macht sie durstig, und zwar durstig darauf, dass ihr Leben noch mal eine Wende nimmt. Er konfrontiert sie mit dem, was in ihrem Leben wehtut, was leer ist und unausgefüllt. Er tippt an die Spitze des Eisbergs – und das alles überwältigt sie.

Ob Jesus geplant hat, mit dieser Frau zu sprechen? Ob in seinem Terminkalender stand: In Sychar am Brunnen mit der Frau reden, die gerade den sechsten Mann hat!? Ich glaube nicht. Müde vom Weg ist Jesus bedürftig nach Wasser und dann sieht er die Bedürftigkeit dieser Frau, die zuvor ihn bedient hat. Nun dient er ihr. Und die Folge?

Ihr Tag ändert sich: Sie lässt ihren Krug Krug sein und läuft zu den Leuten im Dorf, weil sie sonst platzt. Sie muss erzählen, sonst platzt sie.

Ihr Leben ändert sich: Durch diese Frau finden andere Frauen den Jesus, der ihren Eisberg auftaut. So etwas klappt nur, wenn in das eigene Leben Wärme und Klarheit eingezogen sind. Jesus war eingezogen. Das spüren die anderen, ob da etwas Echtes geschehen ist oder nicht. Vielleicht wusste sie plötzlich, was zu tun ist, wie sie leben will und was sie lassen soll. Vielleicht war ihre Bitterkeit vergangen. Vielleicht hat sie nicht mehr den Männern die Verantwortung für ihr Leben übertragen. Vielleicht konnte sie ihre Probleme loslassen und spüren: Es gibt ja noch viel mehr im Leben. Vielleicht hat sie Jesus zum ersten Mal im Leben etwas geglaubt.

Ihre Geschichte, liebe Leserin, ist anders. Vielleicht gibt es erst drei Männer in Ihrem Leben, vielleicht keinen. Meine Geschichte ist auch anders. Aber eins ist gleich: Jesus wartet darauf, dass wir ihm eine Antwort geben.

Die Frau am Brunnen hätte dichtmachen können. Sie hätte sagen können: „Ich trau mich nicht, mit dir zu reden. Du bist mir fremd, weil du aus einem anderen Land kommst." Falls sie Zweifel hatte, so ist es ihm gelungen, diese zu zerstreuen. Er biederte sich nicht an, aber er wünschte sich, Wunden zu behandeln, die nur von ihm behandelt werden konnten.

Die Frau am Brunnen hat sich vielleicht noch bei Tagesanbruch noch gar nicht danach gesehnt, irgendwie Hilfe zu empfangen.

Ich habe mich im Gegensatz dazu an der Ostsee dringend danach gesehnt, Hilfe zu empfangen.

Und Sie, wie geht es Ihnen? Wagen Sie es … zaghaft? Oder …? Jesus möchte eine Frage stellen: „Erlaubst du, dass ich mich für dich einsetze?" Vielleicht trauen Sie ihm gar nicht zu, dass er in Ihrem Leben irgendetwas bewegen kann. Vielleicht empfinden Sie Ihren Eisberg als zu groß und zu verborgen. Vielleicht empfinden Sie sich ähnlich unsicher und trostlos, wie ich mich gefühlt habe.

Ich wünsche Ihnen ein stilles, schüchternes „Ja" oder auch ein laut herausgeschrienes „Ja"! Ja, Jesus will sich für Sie einsetzen. Gratulation, wenn Sie ihm eine positive Antwort geben. Vielleicht können Sie plötzlich ehrlich sich selbst gegenüber werden und Probleme erkennen, die Sie bisher nicht sahen. Vielleicht haben Sie plötzlich Kraft,

Hilfe zu suchen. Obwohl Sie sich bisher wie gelähmt fühlten und es deshalb nicht über sich gebracht haben. Vielleicht erleben Sie einen besonderen inneren Frieden, eine Gewissheit für einen bestimmten Weg. Vielleicht vermittelt Jesus Ihnen das Gefühl: So, wie Sie sind, sind Sie gewollt und gut.

Ich weiß nicht, wie er sich für Sie einsetzen will. Aber ich weiß: Er möchte Neues, Erfrischendes, Heilendes für Sie. Seine Liebe kann Kaltes und Erkaltetes schmelzen, auch Eisberge unter Wasser. Ich bin gespannt, was Ihr „Ja" an guten Folgen nach sich zieht. Auch wenn ich es vielleicht leider nicht erfahren werde, aber Sie werden Erfahrungen damit machen, und Ihre Umgebung wird das wahrnehmen. Man wird Ihnen das anmerken. Vielleicht spürt man Ihre neue Herzlichkeit und Geduld anderen gegenüber, vielleicht Ihre Wärme für andere Menschen, vielleicht ist Ihr Mitgefühl sehr wohltuend für andere. Und Sie selbst werden sich im Reinen fühlen. Im Reinen mit sich selbst und mit Gott werden Sie sein. Damit können Sie manches Schwere hinter sich lassen und wieder leichter leben.

Ach so, ob ich nach diesem Erlebnis nie mehr über mich geweint habe und aller Schrecken mit einem Mal weggewischt war? Nein, so war es nicht. Dieses tiefe Erlebnis war nicht das Ende aller Tränen. Aber es war ein Wendepunkt in meinem Leben, der deutliche Spuren, gute Spuren hinterlassen hat. Ein tiefer Schmerzpunkt war erreicht und überwunden. Außerdem konnte ich nun auch in anderen Situationen Gottes Trost deutlich spürbar in mir erleben. Innerhalb meiner langen Reisezeit zu mir selbst war es eine Situation, in der ich deutlich spürte: Jesus sieht mich! Er sieht genau mich und ich bin ihm sehr wichtig. Dieses persönliche Erlebnis mit Gott brachte mich voran und stärkte mein Vertrauen darin, dass er zuverlässig ist. Hatte ich vorher so manches Mal mit ihm gerungen: „Gott, wo bist du eigentlich?", konnte ich nun zu mir sagen: „Da war er eigentlich ganz für mich da!"

7. Frauen schreiben sich nichts vor

Merken Sie, dass wir schon mittendrin sind?

Nicht im Erhöhen Ihres Cappuccino-Konsums ... wobei zu ahnen ist, dass der sich erhöht hat. Nein, wir sind mittendrin im „sich Verändern". Wir sind mittendrin, Ursprüngliches in uns zu entdecken und ans Licht zu bringen.

Kann sein, dass Ihnen beim Lesen dieses Buches Gedanken über sich und Ihr Leben kamen, die Ihnen noch nie vorher gekommen sind. Vielleicht haben Sie den Mut gefunden, sich eine „anders als sonst" geschnittene Bluse zu kaufen. Könnte sein, das Sie sich jemand zum Reden gesucht haben. Es ist möglich, dass Sie jetzt abends vor dem Schlafengehen immer Tagebuch schreiben und darin festhalten, was Sie am Tag Neues gewagt haben. Oder waren Sie am Telefon eindeutig und haben eine Anfrage abgelehnt? Oder Sie wurden plötzlich überwältigt von Erinnerungen aus Ihrem Leben, die ans Licht wollen und die Sie nicht länger unter Verschluss halten können. Sie trauern. Kann sogar sein, dass Sie zum ersten Mal im Leben mit Gott Klartext geredet haben: „Jesus, wenn es dich wirklich gibt, dann geh bitte mit mir an meinen Eisberg heran."

Und nun, wie soll es nun weitergehen?

Wird jetzt jemand kommen und Ihnen sagen, wie es weitergeht? Werde ich Ihnen sagen, wie es weitergeht? Liste ich 26 Schritte auf, wie Sie eine glücklichere, echtere Frau werden können?

Nein, es wird keine Frau kommen, die Ihnen Vorschriften macht und sagt, wie es im Einzelnen laufen soll. (Und sollte sie doch kommen, dann hören Sie bitte nicht auf sie, denn Sie wollen ja keine Kopie werden!)

Es wird also keine Liste zum Nachmachen geben. Ja, das ist jetzt vielleicht im ersten Moment enttäuschend für Sie. Es hat ja was, wenn wir unseren 26-Punkte-Plan vor Augen haben, an den wir dann herangehen können. Aber genau diese 26 Punkte kann und möchte ich nicht bringen.

Unendlich viel ist schon über das Typische an uns Frauen geschrieben worden: Dieses sind die typisch weiblichen Eigenschaften, jene sind es nicht. Ich denke, es war viel Einengendes darunter. Meine Idealvorstellung einer Frau, die mich jahrelang unbewusst begleitet hat, habe ich ja schon beschrieben: *Eine schöne Frau ist schlank, zierlich, klein, blond und lockig.* Dachte ich ziemlich lange.

Andere Frauen haben andere Idealvorstellungen: Man möchte unbedingt größer sein als 1,60 Meter, wenn's geht, anliegende Ohren haben, ein selbstsicheres Auftreten vor großen Gruppen, einen kleineren Busen, einen größeren Busen, einen schmaleren Hals, kräftigere Haare, besser Kuchen backen können, singen können, aber bitte schön mit einer hohen Frauenstimme, drei Kinder locker managen können, weniger Fett an den Oberschenkeln haben, mehr Humor, Grübchen im Gesicht oder lieber doch keine? Viele von uns passen nicht in eins oder gar mehrere dieser vielen Ideale, wie frau denn auszusehen, sich zu geben hat und was sie können sollte, wenn sie denn wirklich eine Frau sein will.

Neben den eigenen Idealvorstellungen haben wir auch noch das verinnerlicht, was uns die Medien in vielen Formen der Werbung vorstellen: makellose, junge, schlanke Schönheiten – für viele von uns einfach unerreichbar.

Was macht frau nun, wenn sie ganz anders ist, als es ihr die eigenen Gedanken, die Medien, die heimlichen Vorbilder, die Bücher, die Menschen vorschreiben wollen? Was macht frau, wenn ihr lange Haare nicht stehen, weil sie zu dünne Haare für eine Langhaarfrisur hat? Was macht frau, wenn ihre Beine so geformt sind, dass sie im Rock einfach wesentlich unvorteilhafter und dicker aussieht? Was macht frau, wenn sie meint, sich ihrem Mann unterordnen zu müssen in allen Dingen, der aber nicht gut organisieren kann und deshalb nur Chaos zu Hause entsteht? Was macht frau, wenn sie neben den Kindern geistige Herausforderungen braucht, damit sie eine ausgeglichene Mutter sein kann? Und was macht frau, wenn sie andere Begabungen hat als die, von denen sie träumte (oder andere für sie erträumten)?

Ganz einfach. Da gibt es nur eine einzige, ganz einfache Antwort: Sie muss ihren eigenen Weg gehen. Und sie *kann* ihren Weg gehen – mit den Voraussetzungen, die ihr gegeben sind!

Genau dazu möchte ich uns ermutigen: Gehen wir unseren eigenen Weg! Vertrauen wir darauf, dass in uns noch unentdecktes Potenzial schlummert, das wir wecken können. Oder wir können es wecken lassen.

Ich bin mir sicher: Keine Frau wird dieses Buch zur Hand nehmen und dieselben Gedanken denken wie eine andere. Nein, in jeder von uns werden andere Gedanken plötzlich hellwach werden, andere Gefühle ans Licht kommen, andere Entscheidungen heranreifen.

So ist es gut. Genau so soll es sein.

Genau das wünsche ich uns: dass wir wegkommen von irgendwelchen Vorschriften auf unserer Suche nach unserer Ursprünglichkeit.

Ich weiß nicht, welche Strecke vor Ihnen liegt. Ich kann Ihnen auch nicht sagen, wie viel Zeit Sie dafür brauchen werden. Was ich Ihnen aber erzählen kann: Auf meinem Weg hat es immer wieder leuchtende Höhepunkte gegeben. Immer wieder gab es Erkenntnisse oder Erlebnisse, die mich ein wenig ursprünglicher ich selbst, Kerstin Wendel, sein ließen.

Ein ganz junges Beispiel, erst wenige Wochen alt, wenn ich es Ihnen aufschreibe: Ich bin ein ziemlich organisierter Mensch. Pläne und To-do-Listen sind mein Ding. Es flutscht nur so, wenn ich einen Plan gemacht habe. Alles prima. Auf mich kann man sich verlassen. Das ist die eine Seite. Und das Leben mit Kindern passte immer so wunderbar zu dieser Eigenschaft von mir. Hier geht es ja auch um feste Mahlzeiten und Schlafenszeiten, um Rituale und wiederkehrende Tagesabläufe. Alles gut und schön, aber irgendwie hatte ich ganz oft das Gefühl, mir fehlt ein Stück Leben. Und ich wusste nicht, wo und wie ich es finden konnte. Aber ich hatte die Bereitschaft, es wiederzuentdecken.

Dann haben wir zum ersten Mal auf Rügen Urlaub gemacht. Und plötzlich ging es: Wir machten eine Fahrradtour, Endziel Kap Arkona. Schon unterwegs dorthin war so viel Schönes zu sehen und zu entdecken: hier ein Fischerdörfchen, malerisch gelegen. Dort ein kleiner Laden mit Schmuck und Fossilien, der zum Stöbern einlud. Plötzlich ging es. Ich entdeckte eine große Freude in mir, zu sagen: „Kommt, das schauen wir uns doch jetzt erst mal an!" Ungeplant, spontan. Einfach so. Mitten am Vormittag findet sich ein Soft-Eis-Stand in dem kleinen Dörfchen, durch das wir fahren. Ich halte an und rufe meiner Familie zu: „Los, Leute, erst mal absteigen, Mama spendiert 'ne Runde." Eigentlich war noch nicht mal ein halber Tag gelebt und in mir wohnte eine große Freude daran, was sich alles entwickelt hatte und was ich alles erleben durfte.

Da wusste ich: Ich hab sie wieder! Ich habe meine Spontaneität wiedergefunden! Für mich geht das nicht mitten im Schuljahr, wenn die Große Latein schreibt und Hilfe braucht, der Sohn vom Gitarren-Unterricht abgeholt werden muss und mein Mann mich um Einkäufe bittet. Natürlich funktioniere ich da. Aber wie schön, in der kostbaren freien Zeit neu spüren zu können, was ich mag und was nicht. Wie gesund und wie kräftespendend!

So mag es auch in Ihrem Leben werden: Sie suchen und sehnen eine gewisse Eigenschaft herbei? Sie sind offen und bereit dafür, Verschüttetes wiederzuentdecken? Dann mögen Ihre Bereitschaft, Ihr aufrichtiges Bemühen oder Ihre Sehnsucht, sich beschenken zu lassen, dazu führen, dass Sie sich an dieser Stelle weiter entfalten können. Vielleicht hilft ein Tagebuch auf dem Weg, vielleicht helfen Gespräche, vielleicht hilft Ihr Mut oder Ihr erstes Gebet dazu, vielleicht ein Vorbild in Ihrem Leben. Vielleicht ist es auch etwas ganz anderes, das Ihnen hilft.

Jedenfalls werden Sie sich irgendwann staunend die Augen reiben und sagen: Ups, das bin ja ich, die das gerade tut und empfindet. Ja, das sind Sie! Keiner hat Ihnen Weg und Ziel vorgeschrieben. Aber Sie haben beides dennoch gefunden. Und nun freuen Sie sich an sich selbst! Nun erproben Sie sich! Nun genießen Sie sich mit allen Fähigkeiten und Möglichkeiten.

Vielleicht können Sie nun besser organisieren und verschludern nicht mehr sechzig Prozent Ihrer Termine?

Vielleicht können Sie nun auf sich selbst achten und verausgaben sich nicht mehr ständig bis zur Kopfschmerzgrenze?

Vielleicht können Sie nun Nähe besser aushalten und leben verbindlich in einer Beziehung?

Oder Sie sind nicht mehr dauernd eingeschnappt, wenn Sie jemand auf einen Fehler aufmerksam macht?

Vielleicht haben Sie auch die örtliche Kleiderkammer besucht, weil Sie endlich allerhand seltsame Oberteile ausgemistet haben?

Oder haben Sie sich mitten in der Woche Ohrringe geleistet, superbillig, aber voll schick?

Vielleicht haben Sie endlich einen Eheabend eingerichtet und üben sich darin, mal ehrlich über Ihre Beziehung zu reden?

Es wird ein spannendes Wagnis bleiben, wenn wir mit uns so bewusst unterwegs sind. Mit jeder neu erworbenen Verhaltensweise wird das Bild klarer entstehen: das Bild von Ihnen und von mir, wie wir ursprünglich von unserem Schöpfer erdacht worden sind.

Ja, gibt es denn dann nicht doch eine Vorschrift, wie Sie zu werden haben, wenn da ein Schöpfer etwas erdacht hat?

Nein, ich denke, man kann es nicht Vorschrift nennen. Das, was Gott in uns hineingelegt hat, als unser Leben begann, ist ein individueller Schöpfungsgedanke. Ausschließlich für uns hatte er diesen Gedanken. Das ist keine Vorschrift, es ist eher so etwas wie eine Vision. Es ist eine Möglichkeit, in dieser Welt zu leben mit unserem Aussehen und den Gaben und Fähigkeiten, die uns in die Wiege gelegt wurden und die wir nun – lange außerhalb der Wiege – entwickeln können und wollen. Wir werden später noch beispielhaft sehen, wie unterschiedliche Frauen ihr Frausein spannend und erfüllend leben.

Schön, dass Sie da sind, so wie Sie sind!

Keiner wird uns vorschreiben, wie unsere persönliche Entfaltung weiter verläuft. Aber freuen wir uns daran, dass so viel Gutes in uns angelegt ist.

Schön, dass Sie da sind, so wie Sie sind!

Schön, dass wir da sind, so wie wir sind!

8. Frauen können versöhnt mit dem eigenen Körper sein

Eigentlich ist jetzt die Zeit gekommen, das Getränk zu wechseln. Jetzt ist wohl weder Cappuccino noch Wasser angebracht. Wenn es nach meinem Geschmack geht, stoßen wir jetzt mit einem Glas schönem Rotwein an. So langsam kommt Feierstimmung auf.

Ich habe Ihnen eben eine große, innere Freiheit vorgestellt. Vielleicht ist diese Freiheit ungeahnt groß für manche. Wenngleich ich uns auch keine 26-Punkte-Liste mitgeben möchte, so will ich doch drei weibliche Grundzüge benennen. Von diesen denke ich, dass sie eine Art offene, lockere Vision bilden, die für uns alle gilt und die wir individuell füllen können.

Der erste Grundzug lautet: **Frauen können versöhnt mit dem eigenen Körper sein.**

Geht Ihnen das auch so, dass Sie nicht nur an sich selbst, sondern auch an vielen Frauen Ihres Lebenskreises die kleinen oder größeren Mäkelchen finden? Jutta wäre eine makellose Schönheit, wenn nur die Haare an den Beinen nicht wären. Svea wäre eine makellose Schönheit, wenn ihr Hals nicht dieses Muttermal hätte, und Sie wären eine makellose Schönheit, wenn nur …

Bei mir waren es die blonden lockigen Haare. Ich müsste doch blonde lockige Haare haben, wenn ich eine echte Frau sein will … lachen Sie nicht, so habe ich tatsächlich 36 Jahre lang gedacht. Keine Ahnung, wieso. Dann, mit 37, habe ich begonnen, mich mit meinen eindeutig glatten Haaren anzufreunden. Es gibt ja Gel. Damit kann man doch was formen. Zwar keine Locken, aber peppige Strähnen, die mir stehen.

Ich möchte Ihnen drei Vorbilder von mir vorstellen. Die eine ist jung und stämmig, sie trägt gern lange Röcke, dazu eine wilde Kurzhaarfrisur. Sie predigt viel, aber man merkt das nicht. Sie kann so von Jesus sprechen, dass es nicht nach Kirche klingt. Darin ist sie mir ein Vorbild.

Die andere ist klein und zierlich, hat genau die lockigen blonden Haare, die ich früher so gern wollte. Sie trägt häufig Hosen, verschiedene Handtaschen und gern auch mal eine neue Brille. Sie hilft anderen Menschen durch ihr unendliches Zuhören. Sie ist mir ein Vorbild in ihrer Fähigkeit, sich anderen hinzugeben.

Die dritte ist alt und klein, sie kann gut lila tragen. Sie ist oft weise, beinahe perfekt im Garten und in der Küche. Sie arbeitet viel und sieht doch immer „gut" aus. Sie hat die Gabe, Gutes zu tun. Sie ist mir ein Vorbild, weil sie oft Ruhe bewahrt.

Keine von diesen drei Frauen, die ich Ihnen kurz vorgestellt habe, würde wohl auf der *Brigitte* erscheinen oder der *Petra*, der *Young Miss* oder der *Maxi*. (Pardon, eine vielleicht doch? Je länger ich darüber nachdenke, desto mehr kann ich sie mir sogar alle drei auf dem Titelbild vorstellen.) Wie dem auch sei, alle drei haben ihren Körper lieb gewonnen. Man merkt es daran, dass sie aufrecht gehen, wenn sie einen Raum betreten; man spürt es an ihrer Aufmerksamkeit für sich selbst. Die eine sucht immer farblich passenden Schmuck aus, der das Oberteil dezent ergänzt. Die andere hat gelernt, wie sie ihre Hüften ein wenig verdeckt bekommt. Nimmt man gar nicht so wahr. Die dritte kleidet sich schlicht und wirkt aufgrund ihres inneren

Wesens doch immer ausdrucksstark. Alle drei versuchen, das besonders Gelungene an sich nicht zu verstecken, sondern es ein wenig herauszustreichen. Sie arbeiten alle viel, aber sie strahlen dabei etwas aus. Sie haben in den Jahren gelernt, sich zu bejahen und pflegen das, was sie von ihrem Schöpfer bekommen haben. Das heißt nicht, dass sie so aussehen, als wären sie in einen Schminktopf gefallen. Ich glaube, Sie verstehen, was ich meine. Man spürt einfach, ob jemand für sich selbst sorgt oder ob er sich vernachlässigt.

Durch diese Achtsamkeit sich selbst gegenüber ist über die Jahre das entstanden, was man wohl mit „Charme" bezeichnen kann. Das, was Frauen so hübsch macht, unabhängig von den Traummaßen, die wir alle nicht erreichen. Die Art lächeln zu können oder zu blinzeln oder freundlich zuzunicken, sodass man sich dem nicht entziehen kann. Die Freundlichkeit des Wesens, gleichzeitig die Klarheit im Verhalten. Eine eigene Position. Innere Schönheit. Nichts Aufgesetztes, Abgegucktes. Stattdessen Augen, die sich freuen können.

So was kann man auf den Frauenzeitschriften nicht erkennen. Im echten Leben aber kann man weiblichen Charme spüren und erleben. Dieser Charme ist auch unabhängig davon, ob eine Frau von außen betrachtet viele „typisch weibliche Züge" hat. Wir Frauen verstehen darunter ja oft die kleinen, zierlichen, blonden, lockigen, lieben Frauen … oder die großen, starken, dunklen Schönheiten. (Da haben wir sie wieder, unsere Vorurteile!)

Nein, ohne Weiteres ist echter Charme auch bei der weisen Siebzigjährigen zu spüren, von der ich Ihnen eben erzählt habe. Die ist schlicht und ergreifend grauhaarig. Schluss mit Tönung in Dunkelbraun. Stattdessen gibt es manchmal Strähnchen in Blond. Sieht übrigens gut an ihr aus.

Und umgekehrt: Was nützen die Traummaße und Traumkonturen, wenn die dazugehörige Dame leer und unausgefüllt wirkt, vielleicht sogar kalt und sachlich? Denken Sie mal eben an Ihre letzte Fahrt in Bus oder Straßenbahn. Dort ist Ihnen vielleicht solch eine Frau aufgefallen, bei der das so wirkte: Das Innere konnte die Hülle nicht füllen. Das geschminkte Unglück wirkte eher seltsam auf uns. Vielleicht sind Sie irritiert, warum Sie sie nicht schön fanden, obwohl sie doch scheinbar schön war.

Sie selbst, liebe Leserin, fühlen sich vielleicht auch nicht titelbildverdächtig. Danke gleichfalls; dieses Gefühl hatte ich früher zur Genüge kennengelernt. Und schlimmer: Ich fühlte mich nicht nur nicht titelbildverdächtig, ich fühlte mich un-an-sehnlich. Einfach nicht wert, betrachtet zu werden.

Mich hat es unendlich viel Kraft gekostet, mich irgendwann ansehen zu lernen. Kennen Sie die Aufzüge in größeren Kaufhäusern? Oh, was habe ich diese Dinger gehasst und gemieden: Nicht, weil ich das Aufzugfahren nicht vertrage; nein, weil dort die lebensgroßen Spiegel hängen. Und wenn ich hochschaute, dann musste ich da hineinblicken – das war es, was ich nicht ertragen konnte. Viele Jahre konnte ich das nicht ertragen. Denn was ich dort sah, das wollte ich nicht sehen: Ich sah eine Frau, die nicht gelernt hatte, sich vorteilhaft zu kleiden. Ich sah eine Frau, die ihre Farben nicht kannte. Da war zwischendurch mal ein Treffer dabei, aber häufig auch nicht. Ich sah eine Frau, die sich generell zu dick fühlte und deshalb sehr große, nicht wirklich passende Kleidungsstücke trug. Ich sah eine müde Frau, der viel Schlaf und Erholung fehlten. Ich sah eine traurige Frau. Ich sah eine Frau, die ich nicht sehen wollte. Ich sah eine Frau, der ich nicht zutraute, schön sein zu können. Meine übliche Reaktion war es dann, die Augen niederzuschlagen, woanders hinzuschauen, mich zu schämen.

Mir wäre im Traum nicht eingefallen, irgendetwas anderes zu tun. Da war keine Kraft, keine Idee, keine Motivation. Tief in mein Herz hatten sich Sätze über mich eingeschlichen, denen ich blind vertraute: Andere Frauen sind hübsch – du bist es nicht. Andere können sich trauen, dies oder das anzuziehen – du kannst es nicht tragen. Andere haben vieles an sich, was zum Vorschein kommen soll – du hast nichts, was zum Vorschein kommen darf.

Also blieb nur das Versteck. Es blieb nur die Möglichkeit, die Augen niederzuschlagen, dem Spiegel auszuweichen, mir auszuweichen.

Als ich den Blick in den Spiegel mit 36 Jahren wagte, war ich entsetzt und traurig über das, was ich sah. Und nach und nach wuchs dann die Kraft, mir nicht mehr auszuweichen. Und, was mir bis dahin un-denkbar war: Damit wuchs auch das Schöne!

Es begann damit, dass ich dachte: Du musst jetzt in die Stadt gehen. Das, was für andere Frauen so toll ist, wenn sie endlich mal wieder shoppen gehen können und was für dich meist schrecklich war, das tust du jetzt … Du gehst jetzt in die Stadt und versuchst, etwas zu finden, was dir besser steht als manches Bisherige. Das waren richtige Versuche am Anfang. So trug ich bis dato nur weite, bis oben hin zugeknöpfte Blusen. Mit wäre nie eingefallen, etwas anderes zu wagen. Und nun wagte ich es. Rosafarbene Bluse, Dreiviertelarm, keine Möglichkeit, den obersten Knopf direkt am Hals zu schließen. Der existierte nämlich gar nicht. Der erste Knopf saß doch tatsächlich mehrere Zentimeter tiefer …

Als Nächstes spürte ich, dass ich geizig mit mir war: Alles sollte und durfte nichts kosten. Ich trug Schuhe, die einfach nur reif für die Tonne waren, aber ich nahm mir nicht die Zeit und das Geld, um neue zu kaufen. Immer gab es Ausreden: „Die Kinder brauchen etwas Neues. Ich habe jetzt keine Zeit dazu. Mir stehen die Schuhe nicht, die es heute gibt." Ich behandelte mich wie eine Bafögstudentin auf unterstem Niveau, obwohl ich längst Ehefrau, Berufstätige und danach Mutter geworden war. Wieder einmal war ich irgendwo stecken geblieben. Aber langsam wuchs durch die bereits gemachten Schritte auf dem neuen Weg die Kraft, jetzt auch wieder weitere Schritte zu wagen. Und so lernte ich, für mich Schuhe zu kaufen. Und heute? Heute liebe ich Schuhe: Die stöckeligen für Fest und City, die sportlichen für Freizeit und Aktivitäten mit den Kids. Beides passt zu mir. Im Keller habe ich die anderen, die kann ich jetzt nur noch dort und im Garten tragen. Sie erinnern mich an „früher"... Und immer mehr verblassen die alten Sätze und Gefühle, dass mir nichts steht, dass ich nicht hübsch bin, dass ich vieles nicht tragen kann.

Nach und nach konnte ich lernen mich anzuschauen. Nach und nach musste ich lernen, aktiv zu werden, Verantwortung für mich zu übernehmen, einen Geschmack für mich zu entwickeln. Und nach und nach fing das an, Spaß zu machen.

Sie selbst, liebe Leserin, fühlen sich vielleicht auch nicht titelbildverdächtig. Kein Grund zur Traurigkeit! Ich wünsche Ihnen, dass auch Sie sich nach und nach anschauen lernen. Ich wünsche Ihnen, dass auch Sie nach und nach mit Ihrem Körper versöhnt leben können. Und dass Ihnen das gelingt trotz der Mäkelchen, die Sie so deutlich an sich beobachten.

Für die eine wird das vielleicht bedeuten, die dunklen, grünblauen, jungenähnlichen Klamotten nur noch zum Kellerputz anzuziehen und sich eine Freundin zu schnappen, mit der sie mal ausgedehnt shoppen geht. Für die andere wird das vielleicht bedeuten, ihre Parfümflasche nicht jeden Morgen über sich explodieren zu lassen und den 13 ½ mal gezogenen Seitenscheitel einfach mal gut sein zu lassen. Und für die nächste wird es vielleicht bedeuten, sich von dem Bild zu verabschieden, sie sei einfach nur hässlich. Vielleicht wird es auch bedeuten, nur noch Jeans oder nur noch Röcke zu tragen, einfach weil es Ihnen besser steht.

Oder Ihr Ja zu Ihrem Körper hat zur Folge, dass Sie mehr essen wollen, weil Sie es sich endlich gönnen können. Vielleicht werden Sie auch weniger essen können, weil es nicht mehr nötig ist. Oder haben Sie Ihre Traurigkeit bemerkt, die tief in Ihnen sitzt und die Sie einfach nicht weggeschminkt bekommen? Dann nehmen Sie diese Traurigkeit ernst und gehen Sie ihr auf den Grund.

Sie kriegen das schon heraus, was für Sie dran ist. Der nächste Spiegel ist nämlich nicht weit. Schauen Sie sich an! Vielleicht haben Sie mir abgespürt, wie viel Kraft das manchmal kosten kann ... Aber es lohnt sich.

Machen wir uns daran, in vielen kleinen und großen Schritten ja zu uns zu sagen. So wird der tägliche Blick in den Spiegel nicht zur Olympiade oder zur Katastrophe, sondern er wird zu etwas Normalem.

Und was ist nun mit den Mäkelchen wie dem Muttermal und den Einzelheiten, die auf unserer Beobachtungsliste stehen? Die verlieren ihre Bedeutung, die treten zurück beim „Gesamt-Anblick" der gepflegten und schönen Jutta und Svea; ebenso beim Anblick von Ihnen und mir. Die Mäkelchen gehen dann unter. Ihr Charme verkleinert sie auf Winzigkeiten. Warten Sie ab! Das Muttermal am Hals oder andere Dinge (eigentlich Kleinigkeiten, aufs Ganze gesehen, oder?), die sind dann einfach nicht mehr so wichtig, weil wir als Person – plötzlich oder so nach und nach – etwas ausstrahlen.

Noch mal: Wir können versöhnt mit unserem Körper leben. Selbst wenn es viele Jahre nicht ging und nicht klappte, dann ist es doch möglich. Schmunzeln wir uns mal eben liebevoll zu, wenn wir am nächsten Spiegel vorbeikommen. Unser Schöpfer tut es auch.

9. Frauen können geben

Kann es sein, dass Sie soeben die Tüte mit zwei neu erstandenen schönen Oberteilen im Flur abgestellt haben? Oder war eine Pflegekur drin, weil Sie Ihren Haaren eigentlich seit Jahren nichts gegönnt haben? Oder ein Buch mit besinnlichen Gedichten für einen gemütlichen, erholsamen Abend bei Kerzenschein? Denn Sie haben sich vielleicht vor langer Zeit das letzte Mal verwöhnt. Schön, dass Sie sich Gutes gönnen.

Dann gehen wir doch gemeinsam weiter. Ich denke, ein Wasser tut es heute und dazu vielleicht noch ein paar Nüsse oder Schokolade, quasi als Nervennahrung. Ob es jetzt kompliziert wird? Nein, aber spannend. Ich möchte Ihnen den zweiten Grundzug weiblicher Identität vorstellen: **Frauen können geben.**

Frauen geben in ihrer Arbeit

Ich erzähle Ihnen zwei Geschichten, die wir mit Arzthelferinnen erlebt haben. Wir, das waren mein Sohn und ich.

Wir kommen in eine orthopädische Praxis. Mit der üblichen Mischung aus Beklommenheit und Hoffnung auf Besserung suchen mein Sohn und ich die Rezeption. Man geht eben nicht immer voller Begeisterung zum Arzt.

„Augenblick noch, Sie kommen gleich dran" – die junge Arzthelferin telefoniert mit einem Patienten und würdigt uns keines Blickes, während sie mit uns redet. Nun hat sie aufgelegt. Gelangweilt und gleichzeitig eilig fragt sie uns nach dem, was zu fragen ist. Wir schieben ab Richtung Wartezimmer. Ach so, auf dem Schild an der Rezeption hatten noch zwei Wörter gestanden: „Bitte lächeln!" Gute Idee, dachte ich.

Ganz anders lief es in der Hausarztpraxis, die mein Mann sich ausgesucht hatte. Dort steht kein Schild. Am Silvestertag betreten mein Sohn und ich die Praxis, weil er sich verrenkt hat und dringend Hilfe braucht. Ich bin froh, dass sie uns hier noch nehmen. Denn bald werden alle Praxen geschlossen sein, weil die Leute im Keller nach ihrem Feuerwerk suchen oder Berliner backen oder Mittagsschlaf halten, damit sie feiern können. Uns ist noch nicht nach Feiern zumute. Nils' Hals ist schief. Man braucht kein Arzt zu sein, um das zu sehen. Die Gute an der Rezeption ist auch keine Ärztin. Sie schaut hoch und sieht gleich, was los ist. Seit wann das so ist, will sie wissen, und mit einem Bedauern zum Wartezimmer deutend: „Das wird eine Weile dauern …" Das haben wir geahnt. Nach einiger Wartezeit holt sie Nils aus eigenen Stücken aus dem Wartezimmer heraus und legt ihm schon mal ein Wärmekissen an. Nils hat gleich Vertrauen und ist bestens vorbereitet, als der Arzt dann für ihn Zeit hat.

Ja, so ist das. Frau kann also die gleiche Arbeit tun und die fällt doch völlig unterschiedlich aus. Hier eine, die aufgeht in ihrer Sache. Sie ist innerlich dabei. Mit Verstand und Gefühl und Bereitschaft ist sie bei ihrer Aufgabe, obwohl Silvester ist. Sie ist selbstvergessen. Die Kaffeetasse im kleinen Büro, die Freundin, mit der die Arzthelferin heute noch unbedingt plaudern will, die Pflichten zu Hause, all diese Dinge sind jetzt nicht dran. Jetzt zählt Nils, der vor ihr steht. Was hat das bewirkt, dass diese Arzthelferin so hingegeben gearbeitet hat? Nun, Nils konnte Vertrauen fassen. Für ihn verlief der folgende Arztbesuch positiv, so dass er Papa fröhlich berichten konnte, wie es gelaufen ist. Für mich war der Arztbesuch ebenso erfreulich, wusste ich doch meinen Sohn in guten Händen und konnte ihn getrost dem Personal anvertrauen.

Und für die Arzthelferin selbst verlief der Vormittag zufriedenstellend. Sie kann erfüllt auf den Vormittag zurückblicken. Sicher wird sie müde sein, vielleicht fällt ihr auch noch der eine oder andere Patient ein, bevor sie innerlich loslassen kann. Es wird sich gut für sie anfühlen, dass sie den Patienten manches erleichtern konnte. Und nun ist Silvester. Nach dem wohlverdienten Mittagsschlaf kann sie feiern. Wenn der Alltag wiederkommt, dann kann sie gelassen daran denken. Sie ist am richtigen Platz und tut ihre Dinge mit Hingabe.

Gern stelle ich Ihnen drei Frauen vor, die zu meinem Leben gehören. Auch sie arbeiten mit großer Erfüllung, ähnlich wie diese Arzthelferin. Sie leben ihre Hingabe an ganz verschiedenen Stellen aus. Sie geben gerne. Das werden Sie gleich spüren.

Zwei Stunden in der Woche putzt bei mir eine Frau, weil ich rückenbedingt nicht alles schaffe. Sie tut es mit sehr viel Liebe. Sie kommt fröhlich, sie entschuldigt sich bei den Kindern, wenn sie ihre Fensterbilder aus Versehen zerstört hat. Sie klopft an, wenn ich am Telefonieren bin, sie ist sich nicht zu schade dafür, auch unter den Regalen zu wischen. Sie weiß, dass es mir Flügel verleiht, wenn sie ihre Arbeit gut macht. Sie gibt, was sie kann, nämlich ihre Putzarbeit.

Ein weiteres Beispiel: Meine Freundin hat letztens ungeplant ihr viertes Kind bekommen. Nach langem Überlegen hat sie die beruflichen Einsteigerpläne hintenangestellt und widmet sich nun nachts dem Jüngsten und tags allen Vieren. Was ich an ihr schätze, ist ihre ruhige Art, immer wieder genau zuzuhören, wenn einer ihrer Schätze etwas von ihr will. Eigentlich kommt sie ja zu gar nichts außer zum Reagieren und sie weiß, dass das im Augenblick dran ist. Zugegeben, ich wollte im Moment nicht mit ihr tauschen, aber ich freue mich an ihrer Bereitschaft, im Augenblick ständig für ihre Kids da zu sein – zum Basteln mit Kastanien, zum Zuhören beim Großen, zum Ermutigen beim dritten Kind, und, und, und. Bei ihr zeigt sich die Hingabefähigkeit in ihrem Muttersein.

Eine gute Bekannte von mir arbeitet als Therapeutin und Seelsorgerin. Ihre Hingabefähigkeit sehe ich daran, dass sie sich die Mühe macht, genau hinzuhören. Sie will es genau wissen, was einer denkt und fühlt und erlebt. Sie weiß, welch heilende Wirkung es hat, wenn sich ein Mensch ganz verstanden weiß. So lockt sie alles Mögliche aus den Menschen heraus. Ihr geht es darum, diesen typischen Menschenberuf zu füllen, indem sie sich ganz zurücknimmt. Das heißt dann auch, dass sie im Zweifelsfall nicht auf die Uhr sieht, um ein Gespräch wirklich zum Ende zu bringen. Sie hat gelernt, viel zu hören statt viel zu reden. Damit bewahrt sie sich und den anderen vor vorschnellen Urteilen. Sie hat gelernt, sich auf die Sicht des Ratsuchenden auf ganz tiefer Ebene einzulassen.

So kann es sein, so kann es werden!

Wenn alles gut läuft, dann entwickelt sich in uns Frauen im Schulalter und in der Ausbildungszeit ein Sinn für unser Können, für unsere speziellen Gaben. Es entwickelt sich eine Bereitschaft, den eigenen Platz zu finden. Frau vertraut ihren eigenen Leistungen und in ihr wächst eine positive innere Einstellung zu ihren Pflichten. Das kann die

Arbeit mit Dingen betreffen oder die Arbeit mit Menschen. Hingabe zeigt sich in der inneren Bereitschaft zur Arbeit, in der Fähigkeit, sich zurückzustellen, so wie es unsere Arzthelferin am Silvestertag gelebt hat. Hingabe zeigt sich in Zugewandtheit. Hingabe ermöglicht, selbstvergessen zu arbeiten, ganz drin zu sein in der Sache oder bei den Menschen, so wie ich es von der Therapeutin und von meiner Freundin berichtet habe.

Und was ist, wenn das mit dem Geben aus verschiedenen Gründen nicht richtig geklappt hat? Was ist, wenn diese normale Entwicklung nicht stattgefunden hat? Hat man dann als Frau alle Chancen vertan?

Ich bin nie Arzthelferin gewesen. Ich wäre auch nicht der Typ dafür gewesen, anderen gelangweilt zu begegnen, wie unsere Arzthelferin in der orthopädischen Praxis. Aber was ich kenne, sind Zeiten meines Lebens, in denen es mit dem Geben nicht stimmte. Das hat mich enorm viel Kraft gekostet und häufig ein starkes Gefühl von Traurigkeit in meinem Herzen zurückgelassen. Ich erlebte selten gesunde Erfüllung in meinem Tun.

Ich gab zu viel. Immer wieder lebte ich über meine Kräfte und Grenzen. Das zeigte sich bereits im Studium und in den Praktika. Später hoffte ich darauf, dass sich das im Schuldienst oder in der Elternzeit bessern würde. Aber es besserte sich nicht. Ich selbst war so geblieben, wie ich war. Aufgemerkt habe ich, als mir plötzlich Sätze bewusst wurden, nach denen ich lebte und handelte. So war das der Satz, der mein Handeln als Mutter beschrieb: Ich würde alles für euch tun. Alles? Jemand wies mich darauf hin: Du musst mal nachdenken, was du da sagst! Stimmt, das musste ich dringend. Es ist kein Zeichen von gelungenem Leben, wenn ich zu viel gebe. Irgendwann habe ich dann nämlich nichts mehr zu geben. Übrig bleibt: Ich ruiniere meine Gesundheit, ich mache den Menschen meines Umfelds innerlich Vorwürfe für alles Mögliche, ich verausgabe mich über Gebühr, ich lebe kein eigenständiges Leben und belaste somit meine Kinder und/oder andere Menschen um mich herum. Oder ich kapsele mich völlig ab. Kennen Sie die Erschöpfung, von der ich Ihnen erzähle? Oder kennen Sie eine Frau oder vielleicht sogar mehrere, die genau an dieser Stelle zu viel von sich fordern?

Das sind die Frauen, die im schlimmsten Fall immer ja sagen, wenn sie gefragt werden, die vieles aber missmutig und lustlos tun. Schon morgens sind sie außer Atem und als Erstes müssen sie im Gespräch loswerden, was sie in den letzten Tagen nicht geschafft haben. Sie geben zu viel. Sie sind für sich und ihre Umgebung damit eine Last und keine Hilfe. Sie sind nicht wirklich produktiv.

Oder es sind zum Beispiel die Frauen, die von einem großen Verantwortungsgefühl getrieben werden, dem sie alle Entscheidungen ihres Lebens unterordnen. Ihr Verantwortungsgefühl ist ihr Lebensmotor. Rastlosigkeit ist die Folge. Sie geben zu viel. Sie sind oft genug nicht wirklich produktiv.

Ich gab an der falschen Stelle. Wie viele andere Frauen war ich in meinem Erstberuf an der falschen Stelle. Manche merken es ja noch rechtzeitig, vielleicht studieren sie dann nicht weiter oder wechseln das Fach. Ich merkte es erst nach viereinhalb Jahren Berufstätigkeit und einer Elternzeit zu Hause. Mit Schrecken und Grauen dachte ich an einen Wiedereinstieg – und das nicht, weil ich eine faule Socke wäre. Nein, ich musste erkennen, dass ich nicht an der richtigen Stelle war, obwohl ich vieles sehr gut konnte, was von mir verlangt wurde.

Es kostete unendlich viel Mut, mir eine Veränderung vorzustellen. Erst heute in einer anderen Berufstätigkeit merke ich, wie schön das Geben ist. Mit großer innerer Erfüllung, mit viel Selbstvergessenheit und ohne mich ständig zu überfordern, gebe ich in meinem neuen Beruf. Ich bin von Herzen gern fleißig und produktiv. Mir selbst geht es aber auch gut dabei. Vielleicht bin ich deshalb so glücklich in meiner Arbeit, weil ich auch die anderen Gefühle und Erfahrungen von früher noch ganz genau kenne?

Mittlerweile sind mir viele mutige Frauen begegnet, die an der falschen Stelle gegeben haben. Esther war Sparkassenangestellte und studiert jetzt Sozialpädagogik. Sie will ihre beiden Berufe später kombinieren. Trotz großer Einschränkungen, das neben den Kindern organisiert zu bekommen, geht sie diesen Weg. Sie weiß, wofür. Ich bewundere ihre Zähigkeit.

Doro hat viele Jahre als Krankenschwester gearbeitet. Sie ist Single, konnte selbst den Schichtdienst problemlos organisieren, weil sie sich nicht mit einer Familie abstimmen musste. Da sie sich sehr gut auf Menschen einstellen kann, wurde sie auf der Station sehr geschätzt. Aber nach Jahren merkte sie, dass sie diesen Beruf nicht bis zum Lebensende ausfüllen kann, weil sie selbst dabei nicht überleben wird. Die Kosten waren zu hoch. Heute arbeitet sie mit einer halben Stelle als Hausmeisterin einer Kirchengemeinde und hat eine weitere halbe Stelle in einem großen Betrieb. Hier bringt sie ihre organisatorischen Fähigkeiten ein, sorgt für gute Arbeitsstrukturen im gesamten Betrieb und ist ansonsten „Mädchen für alles". Finanziell stellt sie sich schlechter als früher. Sie schränkt sich bewusst an einigen Stellen ein, zum Beispiel was Kleidung und Urlaub betrifft. Aber sie ist glücklich, weil ihr Alltag jetzt so läuft, dass sie ihn gut und gerne ausfüllen kann.

Lisa hat zwei Kinder bekommen. Nach der anstrengenden Kleinkindphase fragt sie sich, was für sie dran ist. Sie hatte gehofft, dass sie so eine richtig tolle Hausfrau werden würde, die ihr chaotisches Haus strukturiert, mit Eifer putzt und mit Freude neue Gerichte ausprobiert. Mit Ausnahme der wirklich gelungenen Gerichte, die sie zu kochen lernte, erfüllten sich die anderen Hoffnungen nicht. Stattdessen bemerkte sie ständig Gefühle nagender Unzufriedenheit und tiefes Unausgefülltsein. Heute hat sie eine halbe Stelle im diakonischen Bereich, ihr Mann übernimmt etwas vom Putzen, und die Sache mit dem strukturierten Haus haben sie erst mal auf Eis gelegt. Jedenfalls war das mein Eindruck ... Sie ist absolut an der richtigen Stelle und die Kinder haben in der gemeinsamen Zeit eine frohe, zufriedene Mutter, die sich auf sie einstellen kann.

Und da ist Almut. Sie hat sich immer danach gesehnt, eine große Familie zu haben. Erst spät fand sich der passende Partner. Sie geht völlig auf im Leben zu Hause. Neben ihren Kindern hat sie ihren Garten angelegt und hat ein offenes Haus mit vielen Kontakten. Die Familie muss sehen, wie sie finanziell über die Runden kommt, aber für Almut ist es genau die richtige Stelle. Sie hat eigentlich nur Ruhe, wenn sie allein im Bett liegt, aber sie sehnt sich keinesfalls zurück in ihre Zeit als berufstätige Goldschmiedin.

Frau kann also sehr wohl noch etwas ändern, wenn sie zu viel oder an der falschen Stelle gab. Während das erste, das übermäßige Geben, eine Sache der Herzensänderung ist, braucht das zweite, das Geben an der richtigen Stelle, auch viel Mut für neue, andere Schritte. Und natürlich gibt es da berechtigte Ängste: Kann man in der heutigen Zeit etwas aufgeben angesichts der Arbeitslosigkeit? Bin ich wirklich stark genug für einen Wechsel? Auf der anderen Seite gibt es gerade heute enorme Chancen, hier kreativ zu sein. Und selbst wenn Sie verheiratet sind: So viele Männer in meiner Umgebung sind bereit, den Weg ihrer Frauen mitzugehen, sich auf Kompromisse einzulassen, auf eigene Aufstiegschancen zu verzichten, mit Hand anzulegen in der Kinderbetreuung. Da gibt es ganz viele starke Männer. Vielleicht hält auch Ihr Mann wesentlich mehr aus, als Sie ihm bisher zugetraut haben? Ich möchte Ihnen Mut machen zu offenen, sachlichen Gesprächen mit Ihrem Partner. Ich möchte Ihnen Mut machen, Ihre Unzufriedenheit zu benennen und Ihre Träume zu träumen. Ich möchte Ihnen Mut machen, wenn Sie merken, dass Sie an der falschen Stelle geben, Ihre Lebensjahre nicht zu verschenken. Wie erfüllend ist es doch, wenn man an der richtigen Stelle hingegeben leben kann!

Ich sage Ihnen eins: Hingabe steckt an! Sie steckt den nächsten Menschen an, vielleicht ist das ein Junge in der Arztpraxis. Sie steckt die Dinge an, vielleicht ist es das Putztuch meiner Putzfrau. Sie steckt den Partner an, den Schüler, den Patienten und den Einkaufszettel. Wohl uns und den Menschen in unserer Umgebung! Heilsame Ansteckung, kann ich nur sagen.

Leider gibt es auch noch die andere Ansteckung, die Ansteckung mit Langeweile und Lustlosigkeit. Da genügt schon der Gang zur orthopädischen Praxis, und man muss aufpassen, dass die gelebte Lustlosigkeit nicht auf einen übergeht. Lustlosigkeit, Teilnahmslosigkeit, Antriebsschwäche, Faulheit und Passivität können also auch Zeichen nicht geglückter Hingabe sein ... und damit eines Lebens, das weniger glücklich ist, als es sein könnte.

Ich erzähle Ihnen von einer anderen Putzhilfe, die wir mal hatten. Die arbeitete nach Plan. Jedes nicht aufgeschriebene Staubkorn wurde auch nicht gesehen. Die Freiheiten, die sie in ihrer Arbeit bei uns hätte haben können, konnte sie nicht schätzen. Lust zum Putzen? Nun ja, … Eigentlich war ich immer froh, wenn sie wieder gegangen war. Und sie war wohl erst recht froh. Mit dem Geld in der Tasche ging sie nach Hause und suchte „das Leben" woanders. Vielleicht in der Freizeit, die auch bald wieder vorbei sein wird. Irgendwann kann sie den Gedanken an die Arbeit dann nicht mehr verdrängen. Irgendwann denkt sie wieder an Montag. Lustlos, monoton und mit anderen Dingen beschäftigt wird sie das Putztuch schwingen. Was kommt heute Abend eigentlich im Fernsehen? Es macht eben doch einen Unterschied, ob man die Dinge mit Hingabe tun kann oder nicht.

Da ist Anne. Als Mutter eines zweijährigen unkomplizierten Kindes ist sie nicht überfordert. Sie spürt, dass sie Kapazitäten frei hat. Und sie ist begabt. Eigentlich ist sie für vieles begabt. Sie kann organisieren und dekorieren. Aber sie kommt einfach nicht vom Sofa hoch. Wie gelähmt schaut sie zu, was andere tun und machen. Von ihr kommt immer nur ein Achselzucken: „Ich weiß auch nicht!" Manchmal schiebt sie auch ihre kleine Tochter vor. Frau kann sich ja so gut hinter den eigenen Kindern verstecken. Man möchte sie schütteln, aber es würde nichts bringen.

Sie gibt zu wenig. Anne könnte in ein hingegebenes Leben hineinwachsen, wenn sie sich einfach mal einen Ruck geben und etwas ausprobieren würde. Einfach mal anbieten: „Ihr Leute vom Gästegottesdienst-Vorbereitungs-Team, ich mach euch mal die Deko für die nächste Veranstaltung. Seid ihr damit einverstanden?" Ich schätze, dass sie super werden würde, die Deko. Und sollte das nicht der Fall sein, dann wären die Leute sicher so freundlich und gäben ihr ein paar Tipps, die sie umsetzen kann.

Für Anne kann es wichtig sein, sich auf die Spur zu kommen. Wie kommt es wohl dazu, dass ich die Dinge, die ich eigentlich tun will, nicht tue? Wer oder was lähmt mich eigentlich so und hält mich klein? So etwas kann man erspüren. Das schafft man nicht unbedingt allein. Wir haben darüber bereits im Kapitel „Frau steht neben Frau" gesprochen. Vielleicht braucht man Hilfe dazu, Vorbilder, eine Mentorin – eine Person, die sich mit einem auf den Weg macht. Vielleicht wird so ungeahntes Gutes aus einem herausgelockt?

Und anschließend wird frau frei! Sie wird frei für ihre Begabungen. Sie wird frei für Kinder oder Putztücher, für Kreatives oder Kopfarbeit, für die orthopädische Praxis oder ihren Ehemann.

Heißt das jetzt, dass jede Frau, die geben kann, alle Dinge immer völlig engagiert und hingegeben tun wird?

Natürlich nicht. Natürlich hat jede auch mal keine Lust, hat schlecht geschlafen, Sorgen oder einen Schnupfen. Selbstverständlich sind wir alle auch mal nicht bei der Sache, abgelenkt und hormonell so drauf, dass uns jedes neu entdeckte Staubkorn zum Weinen bringt. Das ist klar. Das sind die Tage, an denen uns die Dinge schlecht von der Hand gehen und wir froh sind, wenn wir abends mit der Wolldecke im Sofa versinken können. Das ist völlig normal und braucht uns nicht zu erschüttern.

Bei der Hingabe, zu der ich uns einlade, geht es um eine gewachsene, positive innere Einstellung zu den Aufgaben, die zu unserem persönlichen Leben gehören.

Heißt das jetzt, dass es für uns nicht anstrengend sein

wird, sondern dass uns alles zufliegt, leicht und mühelos von der Hand geht?

Auch das heißt es nicht. Gott hat schon im zweiten Kapitel der Bibel davon gesprochen, dass unsere Arbeit uns Mühe kosten wird. Arbeit ist anstrengend! Das ist die ganz normale Anstrengung, die wir alle spüren, egal ob wir unseren Garten bearbeiten, ein Kind gebären oder am Schreibtisch brüten. Die normale Anstrengung bleibt für uns alle. Aber es bringt uns Erfüllung und macht einen Tag gut, wenn wir unser Tun gleichzeitig als erfüllend, produktiv, beglückend, sinnvoll empfinden können.

Wohl uns Frauen! Dann geht es uns richtig gut – in unserem Tun! Und wohl unserer Umgebung, die davon angesteckt wird.

Frauen können geben! Jetzt wissen Sie, warum wir uns zu Beginn des Kapitels ein paar Nüsse bereitgelegt haben. Die haben wir jetzt geknackt, falls sie noch in Schalen versteckt waren. Und diese Nüsse sollten wir uns jetzt aber wirklich genehmigen.

Frauen geben in Beziehungen

Die Verheirateten unter uns geben zunächst in ihrer **Ehe**. Beispiele dazu sind schon in verschiedenen Kapiteln dieses Buches zu lesen gewesen.

Anschließend ist es für viele von uns unsere **Familie**, in der wir zuerst und vor allem geben.

Erst neulich sagte meine Große zu mir, welche Beruhigung und Hilfe es für sie sei, wenn sie nach wirklich langen Schultagen heimkommt und ich bin zu Hause. Manchmal ist sie so groggy, dass ihr zunächst nicht nach viel Erzählen zumute ist. Und trotzdem genießt sie es, dass sie weiß: Im Fall des Falles kann ich das jetzt mit Mama beklönen. Wir setzen uns an den Esstisch bei Keksen und Äpfeln. Wir haben es gut miteinander.

Eine Mutter von vier Kindern habe ich Ihnen bereits weiter oben in diesem Kapitel vorgestellt. Sie gibt öfter mal durch ein Bastelstündchen, in dem irgendwelche zur Jahreszeit passende Dinge gewerkelt werden. Nicht jedes Kind ist schon so alt, dass man das Gebastelte wirklich erkennen kann, geschweige denn, dass es steht oder hält oder so. Anja wird dafür sorgen, dass das dann doch noch irgendwie funktioniert. Mit Uhu, mit Geduld oder mit Fantasie.

Wir Familienfrauen wissen, dass unser Alltag auch oft mit Eintönigkeit, mit sich wiederholenden Aufgaben, mit wenig Schlaf und langen Autofahrten, mit Vokabeln abfragen, verlorenen Mützen und trockenen Händen verbunden ist. Das klingt alles erst mal nicht so verlockend und erfreulich. Und doch ist das oft der Alltag, in dem unsere Liebe zu unseren Leuten farbig werden kann.

Neulich vor dem kleinen Lädchen in unserem Stadtteil: Eine Mutter zerrt zwei Kinder aus ihrem Auto, die lautstark beschimpft werden und nun mit in den Laden sollen. Mein Sohn sitzt mit mir vor diesem Laden. Der gleiche Tag, der gleiche Alltag. Wir essen ein Eis, das wir uns außer der Reihe heute gegönnt haben. Ich weiß gar nicht mehr, ob wir einen Anlass dazu hatten. Mein Sohn schmiegt sich an mich und sagt: „Ich bin froh, dass das nicht meine Mutter ist." In dem Moment weiß ich doch wieder, wofür ich das alles tue, was ich täglich tue, und warum es wichtig ist, dass ich an anderen Stellen auftanke, damit ich hier in der Familie geben kann.

Ich kenne Zeiten, in denen ich wenig in der Familie geben konnte. Damit meine ich nicht die fünf Tage Grippe, in denen die Meute mich mal schonen soll, oder die fehlende Regenerierung. Nein, ich meine damit eine Zeit, in der ich innerlich als Frau noch nicht so weit war, das Nötige geben zu können. Mit diesem Erleben bin ich nicht alleine: So manche Frau hat das Aufwachsen ihrer Kinder als Herausforderung erlebt. Plötzlich spürt frau zum Beispiel, dass sie Erwartungen an ihre Kinder hat, die eigentlich die Kinder an sie stellen dürfen. Die Kinder dürfen sich anlehnen und ihre Hilfsbedürftigkeit äußern. Nicht umgekehrt. Wohl uns, wenn wir dann aufwachen und wachsen wollen.

Jedenfalls ist es so: Frauen, die sich selbst gefunden haben, die sind in der Lage, in ihrer Familie zu geben. Und obwohl die eine von uns nur mittelmäßige Kindergeburtstage veranstaltet, die nächste absolut unsportlich ist, die übernächste nicht gern vorliest und eine andere, nämlich ich, nicht gern bastelt, sind wir dann am richtigen Platz. Wohl unseren Familien, wenn sie eine wirklich gebende Frau in ihrer Mitte haben.

Andere von uns leben als Single. Sie haben keine Familie, in der sie gebraucht werden. Aber auch sie leben ganz stark in Beziehungen. Die einen leben ihr Geben verstärkt in Freundschaften und ihrem weiteren Lebensumfeld. Die anderen leben in **Wohngemeinschaften.** Genauso vertraut, intim und persönlich, wie andere Frauen in ihrer Familie leben, leben diese Single-Frauen mit anderen Single-Frauen zusammen. Auch in diesen Haushalten muss eine den Müll wegbringen, einer Kranken der Tee ans Bett gestellt und die Stromrechnung bezahlt werden. Die WG ist diese vertraute Zelle, in der frau gibt.

Eine gute Bekannte von mir hat das Glück, dass sie nicht nur in dieser Gemeinschaft mit einer anderen Frau zusammen ihr Leben teilt. Nein, sie teilen auch noch ihre Arbeit miteinander. Sie haben eine Lebens- und Arbeitsgemeinschaft. Ein ansprechendes Lebensmodell mitten in einer Zeit, in der manche Frau sich nach Miteinander und Nähe sehnt.

Frauen geben in Freundschaften

Frühjahr 2002 an der Ostsee. Ich verbringe dort ein paar Tage mit einer guten Freundin. Mir geht es zu der Zeit richtig schlecht. Ich bin darauf angewiesen, mich fallen lassen zu können, zu weinen, wenn mir danach ist. Ich bin darauf angewiesen, reden zu können, mich erleichtern zu können. Meine Freundin ist für mich da in diesen Tagen. Es wird richtig anstrengend für sie, weil sie auf mich Rücksicht nehmen möchte und mir unter die Arme greifen will. Mir hat das unwahrscheinlich gutgetan. Natürlich habe ich auch mal was gekocht für uns und ihr auch mal zugehört, aber hauptsächlich war sie für mich da. Sie hat mir ihre Zeit geschenkt. Sie hat mir viel von sich gegeben.

Das war eine besondere Situation. Beim nächsten Mal wollte sie alleine zur Ostsee fahren, damit sie wieder tanken konnte. Und ich war froh, dass sie mir das auch so gesagt hat. Ich war nämlich richtig anstrengend in der Zeit. Dennoch bleibt für mich: Ich bin ihr dankbar, dass sie mich durch ihre Gegenwart damals so beschenkt hat – eine echte Freundin eben.

Vor einem Jahr im Auto vor unserer Garage: Eine gute Marburger Freundin und ich, wir sitzen drin, obwohl es kalt ist. Nun, haben Wendels kein Wohnzimmer? Doch, das haben sie. Aber meine Freundin schüttet gerade ihr Herz aus und weint. Den Weg bis zum Wohnzimmer hätten wir gar nicht mehr geschafft. Hier im Auto höre ich zu und bin bewegt von ihrem Kummer. Ich ringe darum, nicht selbst zu weinen. Und ich bete mit ihr. Ein Autogebet, das ihr unwahrscheinlich gutgetan hat. Es trägt sie durch die nächsten Stunden. In unserer Beziehung war diese kalte Autostunde ein Meilenstein der Dichte und Wärme. Ich konnte ihr etwas geben.

April 2002 in unserer Küche. Ich stehe seit zwei Stunden in der neuen Wohnung, in die wir soeben eingezogen sind. In der Küche mache ich einen Schrank auf, will schauen, wie die Aufteilung aussieht. Die Küche kenne ich nämlich bisher nur aus dem Ikea-Katalog. Ups! Ich kann es nicht fassen! Statt eines leeren Schrankes sehe ich Geschirr: Wo kommt das denn her? Und das ist ja unser Geschirr! Doro, eine Frau aus Marburg, hatte sich, während ich die Kleiderschränke der Kinder einräumte, also hier hingestellt und bereits einiges von unserem Geschirr eingeräumt. Ich kenne Doro noch kaum, aber sie wollte mir den Umzug erleichtern. Es ist Abendbrotzeit, zwei kleine Kinder wuseln um mich herum und mein Herz ist fröhlich, denn mein Schrank ist schon voll. Es fühlt sich gleich ein wenig nach „zu Hause" an und ich bin nicht mehr so fremd in dieser Küche. Doro hat mir ihre Zeit geschenkt. Das war ganz am Anfang unserer Freundschaft.

Wahrscheinlich sind Ihnen auch gerade mindestens zwei Situationen eingefallen, in denen Sie Ihrer Freundin etwas geben konnten. So, wie es Ihren Gaben entspricht. Oder Sie dachten daran, wie Sie empfangen haben: Kinder wurden gehütet, ein Frühstück für Sie arrangiert, ein Telefonanruf wurde gestartet, als es Ihnen schlecht ging.

So ist das mit den Freundinnen! Mal bin ich dran, mal sind sie dran. Jede ist mal dran! In ausgewogenen, gleichwertigen Freundschaften läuft das so. Darüber braucht frau nicht nachzudenken; das geschieht von allein. Es ist beglückend zu spüren, was die andere braucht. Das kann die Mithilfe sein oder ein offenes Ohr oder ein Rat oder ein Gebet oder ein Mit-Aushalten einer unlösbaren Situation – eine Freundin an der Seite ist einfach eine Erleichterung. Und es ist ebenso beglückend, selbst beschenkt zu werden. Wir sind nicht abhängig voneinander, besitzergreifend oder vereinnahmend. Aber wir sind deutlich spürbar im Leben einer anderen Frau.

Frauen geben in ihrem Lebensumfeld

Da stirbt unser betagter Nachbar und lässt seine alte Frau allein zurück. Ich nehme mir Zeit, um auf die Beerdigung zu gehen. Später schaue ich mal nach ihr, bringe ihr spontan von unseren Weihnachtsplätzchen eine Portion vorbei. Natürlich hat sie noch gar nicht Appetit darauf, aber sie spürt, dass sie nicht allein ist. Das tut ihr gut.

Esther, die unter uns wohnt, muss ganz plötzlich zur Behandlung ins Krankenhaus. Ich übernehme die Versorgung ihrer Katzen, damit sie beruhigt sein kann wegen ihrer Lieblinge. Zwar heißt das, eklig festgebackene Reste von Katzennahrung irgendwie wieder loszukratzen und die Schalen zu säubern, aber das ist nun angesagt.

Erna kümmert sich um eine Ausländerin, die zu ihrem Lebensumfeld gehört. Sie hilft ihr bei Behördengängen, sorgt dafür, dass der kleine Sohn einen angemessenen Platz im Kindergarten bekommt. Sie fragt nach, ob die beiden

Weihnachten irgendwo eingeladen sind. Sie fährt auch so einfach mal auf einen Sprung vorbei, mal mit leeren Händen, mal mit leckeren Süßigkeiten. Sie teilt ihr Leben mit den beiden. Und die beiden teilen es mit ihr. Als Erna einmal am Knie operiert werden musste, wurde sie von den beiden mit warmen Mahlzeiten versorgt. Das hat ihr gutgetan.

Marli hat ihre große Tochter zum Weiterstudium ins Ausland ziehen lassen. Dort verwüstete eine Naturkatastrophe die gesamte Gegend. Es ist unendlich viel materielle Hilfe zum Wiederaufbau nötig. Marli lässt sich etwas einfallen. Diverse Spendenprojekte denkt sie sich aus, meldet sie an und führt sie durch. So organisierte sie eine Benefizveranstaltung mit Künstlern, die ohne Gage auftraten. Es gab dort auch einen ansprechenden Losverkauf mit Gewinnen, die Geschäftsleute gesponsert hatten. Eine wirklich gelungene Idee, um in den Herzen von Menschen die Fürsorge für andere in Krisenregionen wachzuhalten. Einiges der eingenommenen Gelder lieferte Marli direkt auf einer Reise dorthin ab. Dadurch entstanden Kontakte, die ihr die Arbeit noch wichtiger machten. Und ich ahne, dass sie bereits das nächste Projekt andenkt ...

In der Schule meiner Tochter wird G 8 praktiziert. Das heißt: Die Gymnasiasten sollen mit der Verkürzung von einem Jahr ihr Abitur erreichen. In diversen Arbeitskreisen treffen wir uns, um für unsere Kinder Erleichterung, Klarheit, verbesserte Strukturen in das Schulleben zu bringen. Natürlich könnten wir Frauen uns am Spätnachmittag oder Abend auch etwas anderes vorstellen als zu beraten. Wir könnten es uns gemütlich machen oder Geld verdienen mit einem Mini-Job oder am Wohnzimmertisch sitzen und über die Schulpolitik meckern. Stattdessen versuchen wir, konstruktiv miteinander zu arbeiten, damit unsere Kinder und die nachfolgende Generation nicht die Freude am Lernen verlieren.

Auch in Ihrem persönlichen Lebensumfeld gibt es sicher eine Menge Menschen, denen gerade Ihre Nähe, Ihr offener Blick, Ihre Bereitschaft, Ihr Gespräch, Ihr Tun, Ihre Ideen guttun. Wir können hier tätig sein, einfach, weil wir gebraucht werden. Wir sollten es nicht tun, weil wir berechnend sind: Wann bringt Frau Nachbarin denn eigentlich mir etwas vorbei? Was habe ich von dem allem? Wir sollten es auch nicht aus Pflichtgefühl tun: Das macht man halt so – was werden die Leute denken, wenn ich fehle? Wir sollten es tun, weil uns die unterschiedlichen Nöte betreffen und bewegen. Das genügt als Grund. Das ist Nächstenliebe.

Für diesen gebenden Lebensstil – in unserer Arbeit und in unseren Beziehungen – brauchen wir die innere gewachsene Kraft, von der bereits mehrfach die Rede war. Wenn wir als Frauen uns weiterentwickelt haben, dann leben wir als gebende Frau. Wir brauchen uns nicht zu fragen, ob wir das können. Wir können es. Wir sind uns gewiss darin, dass wir geben können und wollen. Wir sind wirklich produktiv.

Frauen sorgen für ihre Regeneration

Was wir ebenfalls für diesen gebenden Lebensstil brauchen, ist die persönliche Regeneration. Die Sorge für dieses Auftanken haben wir Frauen selbst zu tragen. Das wird und kann uns niemand abnehmen.

Jede von uns mag sich auf andere Weise regenerieren. Die eine walkend, die nächste lesend, die dritte saunierend oder reitend oder flötend. Vielleicht braucht eine den Konzert- oder Theaterbesuch, die nächste das Wochenende mit der Freundin. Wichtig ist, dass wir ein gewisses Maß an Ausgeglichenheit, Gesundheit und Kraft haben, damit wir wirklich Gebende sein können.

Wunderschön drückt es Marianne Kawohl aus:

Frau-Sein heißt für mich:

Sowohl geöffnet wie auch verhüllt sein,
sowohl verhüllt wie auch geöffnet sein.
Wer nur geöffnet ist, verliert sich für andere,
wer nur verhüllt ist, geht verloren für andere.

Frau-Sein heißt,
für sich und andere
sowohl geöffnet wie verhüllt zu leben:
(...)
Nicht Widersprüchlichkeit, sondern Lebendigkeit!

Leben – verhüllt und doch geöffnet:
im Empfangen wie im Weitergeben,
im Schweigen wie im Reden,
im Arbeiten wie im Beten,
im Lieben wie im Leiden.

Leben – verhüllt und doch geöffnet:
nicht überfordert, nicht unterfordert;
nicht überfüllt, nicht unerfüllt.

Verhüllt und doch geöffnet.
Geöffnet und doch verhüllt.

Auf diese Ausgeglichenheit kommt es an. Und es wird an uns liegen, auf diese Balance zu achten.

Wenn ich im Wald vor mich hinwalke, dann lasse ich meine Gedanken gleiten, wohin sie wollen. Mal bin ich dann kreativ und mir fallen die nächsten Schreibideen ein. Mal bin ich kreativ und mir fallen die Lösungen für einen Konflikt ein. Mal bin ich auch gedankenverloren. Denke hierhin oder dorthin oder an gar nichts. Dann sehe ich einfach nur die Schönheit der Bäume und höre den Vögeln bei ihrem eifrigen Gezwitscher zu. Nach zwei gedrehten Runden frage ich mich, wie lange ich schon unterwegs bin. Habe nämlich die Zeit vergessen … und das ist gut so.

Eine Freundin von mir hat ihr traditionelles Reiterwochenende an der Ostsee mit einigen anderen Frauen. Hier regeneriert sie sich bei gutem Essen, in frischer Luft, bei anregenden Gesprächen oder im Alleinsein. Sie hat einige Jahre gebraucht, um herauszufinden, was ihr wirklich etwas bringt. Nun hat sie es gefunden und kann sich diese Zeit nicht mehr wegdenken.

Eine Bekannte von mir zieht sich regelmäßig für mindestens einen Tag in die Stille zurück. Sie merkt, dass in der äußeren Stille die Ruhe entsteht, die sie braucht, um auf Gott hören zu können und um sich den Nöten ihres Lebensumfelds anschließend zu stellen.

Eine andere Frau singt im Chor. Die regelmäßigen Proben und auch Probenwochenenden lassen sie eintauchen in die Musik und ihr sonstiger Alltag fällt von ihr ab. Nirgends sonst kann sie so gut alles hinter sich lassen.

Eine Mutter von vier Kindern, die außerdem berufstätig ist, hat die Damensauna als ihre persönliche Oase entdeckt. Diese Zeit wird im Terminkalender verteidigt, obwohl das viel Kraft kostet und nur bei guter Planung klappt.

Mit diesen Beispielen möchte ich Sie anregen, Ihr Ding zu suchen. Und falls Sie es bereits gefunden haben, dann möchte ich Sie ermutigen, es zu pflegen. Pflichten und Herausforderungen sind in unserem Leben mehr als reichlich vorhanden. Auf die Dauer können wir nur gebende Frauen sein, wenn wir *auch* für uns selbst Sorge tragen, auch für unser Regenerieren.

Apropos Regenerieren ... Es wäre auch gut gewesen, wir hätten uns für dieses Kapitel mit Zitrone gespritztes Wasser bereitgestellt. Zum einen wäre das jetzt sehr erfrischend, zum anderen motivierend und anregend.

Vielleicht sind Sie gerade fest entschlossen, sich eine Zeit morgen Nachmittag oder morgen Abend freizuschaufeln. Eine Zeit für Sie allein – ohne Ansprüche anderer. Vielleicht wird es eine Zeit, in der Sie darüber nachdenken, was Ihnen denn auf Dauer guttun könnte.

Vielleicht sind Sie nachdenklich geworden über Beziehungen oder Arbeit in Ihrem Leben, weil Sie spüren, dass es nicht rund läuft. Dann gehen Sie dem nach! Da ist noch genug Lebenszeit vorhanden, um die Dinge anders zu tun.

Vielleicht haben Sie gerade eine kreative Phase und überlegen, was anders laufen kann – und wie. Oder Sie besprechen das mit Ihrer Vertrauensperson?

Oder Ihnen steht vor Augen, dass Sie Ihrer kranken Nachbarin noch ein paar Blumen vorbeibringen wollen? Dann kann es jetzt losgehen, obwohl Sie es vielleicht noch nie getan haben und das Überwindung kostet.

Was auch immer für Sie dran ist: Sie können sich einreihen und sich neben die vielen Frauen stellen, die für sich und andere gerne sorgen. Sie haben die Fähigkeiten, heilsam ansteckend für Ihre Umgebung zu sein. Denn:

Frauen können geben!

10. Frauen können mit offenem und unabhängigem Herzen leben

Ich hatte Ihnen ja noch einen dritten weiblichen Grundzug nennen wollen. Im ersten ging es um unsere Versöhnung mit unserem Körper und im zweiten um unsere Fähigkeit, geben zu können. Es ging um die Art, wie wir Menschen und Dingen um uns herum liebevoll gebend begegnen. Des Weiteren ermutigte ich dazu, unsere Kraftquellen aufzufüllen. Im dritten weiblichen Grundzug nun geht es um unseren Kern. Es geht darum, wie wir Frauen mit einem gleichzeitig offenen und unabhängigen Herzen leben können.

Das offene Herz … Ich dachte früher immer von mir, dass ich so eines habe. Im Verlauf meiner inneren Reise musste ich dann schmerzhaft bemerken, dass es erst noch offen werden sollte. Ich habe es an einer Situation bemerkt, die sehr zum Schmunzeln ist. Gleichzeitig ist sie auch zum Traurigsein. Wir waren im Tanzkurs, mein Mann und ich. Es war das Geburtstagsgeschenk zu meinem dreißigsten Geburtstag, das nun endlich, mit 37 Jahren, eingelöst wurde. Also, das eigentliche Geschenk war nicht der Kurs, sondern die Bereitschaft meines Mannes, mitzugehen, mitzutanzen. Wir tauchten ein in eine für uns wunderbar ablenkende Welt aus Schritten und Musik. Endlich wurde nicht geredet, sondern gefühlt, dem Körper Raum gegeben. Und wissen Sie, wie wir dabei aussahen? Wir sind beide musikalisch, wir hampelten also nicht über die Tanzfläche. Wir sind auch beide nicht begriffsstutzig; nein, wir bekamen das mit den Tanzschritten schon ganz gut auf die Reihe. Aber wir tanzten miteinander, als wenn noch mindestens eine Person zwischen uns stände. Wir tanzten auf Abstand. Immer und immer wieder mussten wir darauf hingewiesen werden, dass unsere Tanzhaltung nicht stimme und zu korrigieren sei. Das hat geschmerzt. Ich wusste, dass es auch für unsere Innenwelt steht: Wir hatten noch nicht die Nähe zueinander, die wir haben konnten.

Im Zuge meiner Veränderung (und damit übrigens auch der Veränderung meines Mannes) ist immer mehr Nähe möglich geworden. Sie wurde möglich durch viele Wachstumsschritte. Von einem Schritt möchte ich Ihnen erzählen.

Wir lernten, auch über Unangenehmes zu reden. Damit meine ich nicht die Probleme mit Kindern, Spülmaschine und Gemeindegliedern, sondern über tief sitzende Enttäuschungen und Wut in unserer Beziehung. In Kapitel 5 habe ich Ihnen davon bereits erzählt. Beides ist dazu nötig: dass ich als Frau weiß, was ich will (das unabhängige Herz) – und dass ich es sage und mitteile (das offene Herz). Es gab Situationen in den letzten Jahren, in denen wir miteinander gewaltig gerungen haben, manchmal am Strand oder im Wald oder im Wohnzimmer. Diese Situationen haben uns etwas gekostet – und sie haben uns unendlich viel mehr geschenkt: Nämlich durchzudringen zum anderen ... mit unserer ganzen persönlichen Verletzlichkeit, mit dem, was uns wehtut. Wir drangen durch zum anderen mit unseren gegenseitigen Enttäuschungen und wir spürten, wo wir gefordert waren, den Partner zu schützen, weil es um seine wunden Stellen ging. Der Austausch über Verletzungen und Enttäuschungen auch zwischen uns als Partnern hat uns zusammengeschweißt, uns die Nähe ermöglicht, in die wir sonst nicht hineingewachsen wären und die uns heute dankbar macht.

Im Laufe der Zeit wurde es leichter für uns. Unser fest ausgemachter Eheabend ist ein sicherer und schöner Haltepunkt in der Woche. Hier machen wir uns zum Thema. Hier geben wir uns die Aufmerksamkeit und die Ehrlichkeit füreinander, damit unser Alltagsleben kein distanzierter Walzer von einer Frau und einem Mann wird, sondern ein Cha-Cha-Cha mit Lebensfreude und vielen Variationen. Manchmal ist unser Alltag auch ein Tango. Aber dazu müsste ich dann ein eigenes Buch schreiben. Ein Ehebuch eben.

Das offene und unabhängige Herz ist bei Weitem nicht nur in der Ehe nötig. Es gibt so viele Alltagssituationen, in denen wir es benötigen!

In einer halben Stunde werde ich walken gehen. Auf meinem Weg werde ich an einem Haus vorbeikommen, in dem eine überaus fleißige Frau wohnt. Sie sieht, dass ich es noch nicht geschafft habe, die Blätter in meinem Garten wegzuharken. Ich schreibe nämlich an diesem Buch. Und sollte sie es heute noch nicht gesehen haben, dann weiß sie auch so, dass unsere Blätter noch dort liegen. Nass, kalt und leblos. Ich wiederum weiß, dass sie sich in ihrem Leben nie Zeit genommen hat zum Spazierengehen. Ich musste schlucken, als sie es mir beiläufig erzählte. Für mich ist angesagt, meine Blätter liegen zu lassen, bis ich dazu komme, es zu tun, oder es organisiert bekomme, dass es jemand anderes tut. Für mich ist angesagt, sie – meine Bekannte – besonders fleißig sein zu lassen. Für mich ist angesagt, sie weder zu bemitleiden noch mich über sie zu erheben. Für mich ist angesagt, mein Leben nicht von ihren Maßstäben bestimmen zu lassen. So etwas geht nur mit einem unabhängigen und offenen Herzen.

Puh, das ist schwer für uns Frauen, nicht wahr? Oh, was sind wir für Könner im Vergleichen. Wie gut können manche von uns sich mit verkniffenem Gesicht nach den Maßstäben anderer ausrichten! Wie schwer fällt es uns oft, unseren eigenen Weg zu gehen! Und gleichzeitig gilt auch: Wie gut tut es uns und anderen, wenn wir selbst sicher und offen leben! In Sachen Blätter auf dem Rasen muss ich meinen Weg gehen, damit es mir und meiner Familie und meiner Arbeit gut geht. Und wer weiß, vielleicht fragt mich meine fleißige Nachbarin irgendwann einmal, woher ich die Kraft nehme, am Vormittag walken zu gehen …

Ein anderes Beispiel: Unsere Tochter hat eine Weile den „Landarzt" geguckt. Eine Freitagabendserie; spielte in Schleswig-Holstein. Schön! Hatte ein paar nette Schauspieler. Süß! Und irgendwann habe ich gemerkt: Eigentlich ging es nicht um rührende Geschichten rund um den Blutdruck der alten Frau Holste, sondern es ging um Beziehungsgeschichten. Es ging bei Alt und Jung ständig nur darum, wer mit wem und warum nicht mehr zusammen ist. Ich fand, da musste ich mit Lisanne reden. Ich musste ihr sagen, dass ich die Sendung für eine damals Elfjährige nicht passend fand zum freitäglichen Abhängen abends um halb acht. Dass hat ihr nicht gefallen. War vorher schon klar. Ich erwartete nicht, dass Lisanne so vernünftig war und sich bei mir für diese Entscheidung bedankte. Beileibe nicht! Aber es würde ihr auf lange Sicht guttun. Dies Gespräch musste sein. Wir haben gesucht und überlegt, was man sonst am Freitagabend tun kann. Es wurde dann eine Mischung aus Federball, KiKa – wenn etwas „Vernünftiges" kommt –, dem Spiel Carcasonne oder einem aufgenommenen Video. Oder fiel uns spontan etwas Schönes ein? Oder fiel ihr etwas ein? Oder waren wir alle mal zu müde für irgendetwas und es gingen nur noch Salzstangen und Kichern auf dem Sofa?

Mein Kind braucht meine klare und feste Meinung, geboren in einem unabhängigen Herzen. Sie braucht es als Geländer und Gerüst zum Großwerden. Sie braucht es, um sich daran reiben zu können.

Puh, das ist schwer für uns Frauen, nicht wahr? Ich habe noch keine Mutter getroffen, die die Auseinandersetzungen mit ihren Kindern liebt und sich mit Freude in die Diskussionen stürzt. Unser Alltag ist doch voll genug. Außerdem fällt es vielen von uns schwer, sich durchzusetzen. Wir wollen die „liebe Mama" sein. Das können wir gut. Das kommt gut an bei unseren Kindern. Und doch sind diese klaren Gespräche so wichtig. Sie sind genauso wichtig wie das geschmierte Schulbrot und die ausgedachte Überraschung zum Halbjahrszeugnis, die zärtliche Umarmung und die Zeit zum Vokabeln abfragen. Frauen, die in sich sicher sind und unabhängig davon, ob ihre Kinder sie gerade nett und liebenswert und als die Beste auf der ganzen weiten Welt finden, sind in der Lage, diesen Halt zu bieten.

Und es gibt noch andere Menschen, die zu unserem Leben gehören, denen gegenüber ein klares, gerades Wort von uns nötig ist.

Ich komme in den Keller und sehe im Vorbeigehen, wie unser Rasenmäher aussieht. Er sieht aus wie die Reifen eines Geländewagens, der soeben von einer Spritztour zurückgekommen ist. Ein tüchtiger Mensch hat ihn in unserem Garten benutzt. Er bekommt Geld dafür. Wir verstehen uns gut. Nun habe ich ihm zu sagen, dass er beim nächsten Mal bitte auch die Reifen säubert, dass das mit zum ausgemachten Festpreis dazugehört, obwohl das jetzt seine Freizeit einschränken wird. Klar, das ist noch relativ leicht. Schwerer wird es, wenn wir zu klären haben, wo

Opa den ersten Weihnachtsfeiertag verbringt, ob wir eine bestimmte Mitarbeit im ehrenamtlichen Bereich im nächsten Jahr noch weiter übernehmen können oder pausieren müssen, wie wir uns dem ellbogengewandten Kollegen gegenüber verhalten, wie die Pflege der erkrankten Mutter organisiert sein wird oder dass wir eine Urlaubsreise der Tochter mit ihrem Freund nicht erlauben können. Ohne innere Unabhängigkeit von den Meinungen und Ansprüchen anderer gehen wir in solchen Situationen unter.

Wir Frauen leben in ständiger Auseinandersetzung mit den Menschen unseres Umfelds: mit unseren Kindern, dem Ehemann oder als Single den Mitbewohnerinnen unserer WG, den Kollegen in Ehrenamt und Beruf, mit Eltern und Freunden. Da gibt es keinen Tag, an dem nicht Entscheidungen von uns fallen müssen. Tiefe, gewachsene Weiblichkeit gibt uns die innere Sicherheit, darauf zu reagieren.

Frauen haben im Zuge der Gleichberechtigung gelernt, sich stärker durchzusetzen. Sie haben gelernt, ihren Mund aufzumachen, ihre Bedürfnisse zu sagen, für sich einzustehen, ihre Gleichstellung einzufordern. Ich denke, dass diese Zeit auch geschichtlich nötig war. Wir hätten sonst nicht die Rechte und Möglichkeiten, von denen wir heute profitieren. Es ist aber ein weiterer Schritt angesagt, nämlich die erreichten Möglichkeiten mit echter, tiefer, gewachsener Weiblichkeit zu füllen. Damit meine ich eine Sicherheit im gesamten Auftreten, im Reden, Denken und Handeln, die nicht abstoßend ist, die aber Halt und Frieden verbreitet.

Vielleicht stimmen Sie mir gerade begeistert zu und sagen: Ja, genauso sollte es sein. Genauso will ich auch leben! Vielleicht sehen Sie aber sehr wohl auch die Beispiele in Ihrem Leben, in denen das nicht leicht ist. Situationen, die eher mühsam für Sie sind. Menschen, die eine starke Herausforderung für Sie darstellen. Erlebnisse, die hinter Ihnen liegen und die erst einmal überwunden sein wollen im nächsten anstehenden Konflikt mit dieser Person.

Die Frage, die uns jetzt beschäftigt, liegt ja auf der Hand: Wie kann dieses sichere Auftreten, dieses friedenstiftende und haltgebende Leben gelingen?

Ich denke, es gelingt im Hören auf Ihre innere Stimme. Damit meine ich kein magisches Geschehen, sondern einfach das innere Gespür dafür, was dran ist und was nicht. Ich weiß, dass Sie als Frau über dieses Gespür verfügen. Es kann sehr wohl sein, dass es fast vergessen war. Vielleicht sind Sie diesem Gespür in der letzten Zeit begegnet: In Situationen, die Sie wachgerüttelt haben, beim Lesen dieses Buches, im Aufspüren von Vergangenheit. Ich möchte Sie ermutigen: Pflegen Sie Ihr inneres Gespür!

Fragen Sie sich in den aktuellen Situationen: Was empfinde ich? Was möchte ich sagen oder tun? Was möchte ich gerade nicht sagen oder tun? Es kann sein, dass Ihr inneres Gespür sehr tief verschüttet ist. Wir sind ja im Verlauf des Buches schon an mehreren Stellen darauf gestoßen. Dann wird es eine Weile Zeit und Bemühen brauchen, bis Sie es wieder freilegen können oder Ihnen jemand dabei hilft, es freizulegen. Aber es wird möglich sein. Ich habe es oft genug miterleben dürfen.

Sicher, wir sind unterschiedlich: Da gibt es schnelle Frauen unter uns, die sind blitzschnell, auch mit ihrem inneren Gespür. Da gibt es gewiss auch die langsameren. Die brauchen vielleicht für manches einen halben Tag. Dann nehmen wir uns diesen halben Tag! Sagen wir am Telefon: Ich rufe Sie später zurück. Oder schreiben wir unsere Mail erst übermorgen. Oder sagen wir unserem Kind: Du, in zwei Stunden möchte ich das mit dir beklönen. Oder nehmen wir den Donnerstagabend, wenn wir mehr Zeit brauchen.

Wie dem auch sei: Pflegen wir unser inneres Gespür! Trauen wir uns zu, dass unser Eindruck zu uns passt, dass er „richtig" ist. Dass er nötig ist und gut. Wagen wir die Aussage, unsere mutige Konfrontation. Natürlich werden wir auch mal danebenliegen. Das tun wir alle. Wir sind Menschen. Aber oft will uns unsere innere Stimme ein Gespür dafür geben, wie wir unser Leben mit unseren Mitmenschen aktiv und gut gestalten können.

Und Gott, wo ist er in diesem Geschehen? Kann er das beeinflussen? Soll er es beeinflussen? Er kann und soll sehr wohl. Ich denke, wenn Sie ihm in Ihrem Leben Freiraum gegeben haben, dann wird er von seinem Mitsprache- recht Gebrauch machen. Ich lebe das sehr ungekünstelt und ehrlich. Nicht täglich, aber dennoch regelmäßig und immer wieder sage ich zu ihm: „Wenn du mir etwas sagen möchtest, dann tue es bitte." Das kann dann eine ganz bestimmte Situation betreffen oder es kann auch ganz allgemein von mir gemeint sein. Ich bin dann auch bewusst ruhig im Beten, halte meinen Mund und schweige. Manchmal schießt dann ein Eindruck regelrecht an die Oberfläche meiner Gedanken und Gefühle. Dem gehe ich dann nach, den prüfe ich und folge ihm gegebenenfalls. Manchmal kommt auch nichts, dann empfinde ich das als generelles Wohlwollen Gottes zu mir, seiner geliebten Tochter. Ich weiß mich auf gutem Weg und kann einfach fröhlich weiterleben.

Ich wünsche uns diesen runden klaren Einklang mit uns selbst, diese Gewissheit, an der richtigen Stelle zu sein. Ich wünsche uns diese innere Kraftquelle, die wir für vie- le Situationen unseres Lebens brauchen, wenn etwas anders werden soll. An dem inneren Rumoren werden wir das spüren. Ich wünsche uns spannende gute Erfahrungen, wenn wir uns anderen „zumuten" . Keine Sorge, das ist in Ordnung!

Wir können mit offenem und unabhängigem Herzen leben. Wir können offen für uns selbst und für andere in unserem Lebensumfeld sein. Wir können unabhängig, fest und klar in unseren Entscheidungen leben, gebunden an unser inneres Gespür.

Verzeihung, jetzt habe ich Sie ja ganz auf dem Trockenen sitzen lassen ... Dann fragen Sie sich doch gerade mal selbst, auf was Sie jetzt Lust haben. Sozusagen eine kleine Frage an Ihr inneres Gespür für sich.

Also, ich nehme einen Rooibostee mit fruchtiger Note.

11. Frauen können sich ändern und verändert werden

Sie sind in diesem Buch vielen Frauen begegnet, die sich geändert haben. Eine davon bin ich. Wenn mir jemand vor zehn Jahren gesagt hätte, dass das so kommen wird, ich hätte es ihm nicht geglaubt. Wieso sollte ich, Kerstin Wendel, so viele Dinge in meinem Leben ändern oder erfahren, wie ich verändert werde? Wieso sollte ich scheinbar kleine Dinge (z. B. wie ich über meine Bekannte denke) und große Dinge (z. B. meinen Beruf oder mein Reden mit meinem Ehepartner) ändern? Weil sich Ändern toll ist oder modern oder weil es mir jemand gesagt hätte?

Nein. Es gibt nur einen einzigen Grund für die Änderungen in meinem Leben: Ich habe gespürt, dass sie dran sind! Ich habe gemerkt, um meiner Ursprünglichkeit willen sind jetzt Schritte angesagt, mutige Schritte nach vorn. Eigentlich kann und soll und will ich noch ganz anders sein. Deshalb habe ich Schritte gewagt.

Diese Ursprünglichkeit, um die es geht, ist das, was Gott Ihnen und mir in die Wiege gelegt hat. Das hat ein Mann namens David treffend ausgedrückt.

„Als ich gerade erst entstand, hast du mich schon gesehen." (Psalm 139,16)

Gott hatte also bereits eine Vision für mich, bevor ich das Licht der Welt erblickt habe. Das ist es, was mir das Wort „Ursprünglichkeit" bedeutet: Es ist alles das, was zu mir passt, mir steht, mich ausmacht, zu mir gehört – also das, was mich innerlich und äußerlich „schön" macht. Es sind auch meine ursprünglich in mir angelegten Gaben, Fähigkeiten und Talente. Es sind auch meine Grenzen und Einschränkungen. Es sind aber auch die Möglichkeiten, in die ich hineinwachsen kann.

Manchmal ist es einfach so, dass das Leben und die Umstände und die Menschen und man selbst Dinge verschüttet, sodass Ursprüngliches scheinbar verloren geht. Davon konnte man in diesem Buch lesen. Aber niemals ist die Chance vertan, zur eigenen Ursprünglichkeit zurückzufinden! Diese Chance ist niemals vertan.

Eine Frau, die mich nur vage kennt, hat nach einigen Jahren meiner Veränderung zu mir gesagt: „Man wird fast neidisch, wenn man an dir sieht, welche Schritte man gehen kann." Nein, das braucht man nicht. Bei mir waren viele Schritte nötig, bei Ihnen sind es vielleicht weniger. Aber die Kraft dazu haben wir alle.

Ihnen, liebe Leserin, sind viele, viele Menschen in diesem Buch begegnet. Ich habe Ihnen viele Frauen vorgestellt, die mutige Schritte gegangen sind, um ihrer Ursprünglichkeit näherzukommen. Ich bin stolz auf sie alle und froh über sie.

Wenn Sie mich fragen würden, was nun eigentlich das Wichtigste war, was sich für mich verändert hat, so ist es wohl das: Es gibt keine Mauern mehr. Keine Mauern in mir selbst, keine zwischen mir und Gott, keine zwischen mir und anderen. Ich bin ganz häufig klar, ehrlich, offen und direkt – oder wie es so schön heißt: authentisch! Deshalb geht es mir gut. Die Zeiten des in mich Reinfressens, die Zeiten der inneren Einsamkeit sind vorbei.

Ich bin ganz bei mir, deshalb kann ich ganz beim anderen sein. Mich erfüllt das oft mit Freude. Diese Freude ist deshalb so groß, weil ich das Leben auch anders kenne …

Vielleicht ist beim Lesen dieses Buches ein großer Wunsch in Ihnen gewachsen, sich auch zu verändern. Dann tun Sie es. Fangen Sie mit dem einen Schritt an, der Ihnen heute bewusst ist.

Und falls Sie zu den ganz fixen Frauen gehören: Notieren Sie sich alles das, was Ihnen schon vor Augen steht, was wichtig ist für die nächsten Wochen und Monate. Schreiben Sie sich alles das von der Seele, was heraus will und muss. Oder reden Sie es sich von der Seele, wenn Sie nicht schreiben mögen. Sagen Sie es Ihrem Kassettengerät oder einem vertrauenswürdigen Menschen – damit Sie sich später vergewissern können, was Sie sich vorgenommen haben.

Vielleicht sind Sie noch irritiert und unsicher, aber gewiss in dem einen, dass Sie Ihre Unruhe nicht mit einem Sonntagabend-Film und der Chipstüte oder der Schokoladentafel beseitigen können. Dann lassen Sie Ihre Unruhe zu! Die hilft Ihnen weiter. Suchen Sie sich einen Menschen, dem Sie sich anvertrauen können. Bald wird es konkreter für Sie werden, was für Sie dran ist. Das ist für Sie genauso zu schaffen wie für andere Frauen auch!

Ich habe das Kuriose erlebt: **Wenn Frauen sich ändern wollen, dann bleiben sie sich treu!** Das wollen wir doch alle: Zu uns stehen! Zu dem, wer und wie wir sind.

Man könnte es auch anders sagen: Manchmal sind wir uns untreu, wenn wir uns nicht ändern. Wir leben dann gar nicht in der Klarheit, die uns und anderen guttun würde. Das ist verschenkte Lebenszeit. Es ist so gut, sich in die Reihe der Frauen zu stellen, die mutige Schritte gegangen sind. Werden wir uns treu! Machen wir uns auf die Suche nach unserer persönlichen Ursprünglichkeit.

Wir können anfangen, Ideen auszuprobieren. Fangen wir im Alltag an. Wir reden mit dem Friseur oder unserem

Kind, dem Ehemann oder unserem Chef. Wir üben uns in neuen Gedanken, die wir uns vorgenommen haben. Wir können uns Zeit reservieren, unser Leben zu überdenken, auch die großen Eckpfeiler wie Beruf, Ehrenamt, familiärer Stand, Beziehungen, Gesundheit. Und daraus folgend: Wir können unsere Lebenszeit einsetzen für das, was uns wirklich wichtig ist. Es ist unser Leben! Eine einmalige Chance von Gott für uns!

Ach so, ob ich nicht den Seufzer höre, der tief aus Ihrem Herzen kommt: Woher denn diese Kraft nehmen?

Es kostet doch schon alles genug Kraft: der Alltag zwischen Spülmaschine, Job und Ehrenamt, der Alltag zwischen Kindern, Beruf und Freizeit. Da ist doch gar kein Platz und keine Kraft für eine Änderung.

Doch, diesen Seufzer höre ich. Er erinnert mich an die ersten Wochen meiner inneren Reise ... Ich war vielleicht sechs oder sieben Wochen unterwegs mit mir, auf der Suche nach mir, da hatte ich bereits das Gefühl, ich hätte einen sehr langen Weg zurückgelegt. Am liebsten hätte ich von meiner Therapeutin gehört: „Ja, also das dauert noch vierzehn Tage, dann haben Sie alles geschafft." Das war eine ganz irrige Vorstellung von mir. Die innere Reise zu sich selbst braucht Zeit. Sie braucht vielleicht sogar viel Zeit. Wie viele wichtige Dinge.

Als ich nach zwei oder drei Jahren noch nicht „fertig" war, las ich die Biografie einer Frau, die auch eine innere Reise antreten musste, wenn auch eine ganz andere als meine. Sie hat etwa sieben Jahre dafür gebraucht. Ich weiß noch, wie mich diese Zahl erschreckt hat: *Sieben Jahre! Nein, das schaffst du nicht. Das kannst du nicht!* Nun, um es ganz ehrlich zu sagen, ich habe noch länger gebraucht als sie. Sie heißt übrigens Marie Cardinal. Irgendwann habe ich es aufgegeben, mir die Zeit meiner inneren Reise auszurechnen. Es ist nicht hilfreich für mich. Abgesehen davon, dass ich mein Leben generell als Reise ansehe!

Ich erzähle Ihnen das deshalb, weil auch Ihnen keiner sagen kann, wie viel Zeit Sie brauchen werden. Ob mehr oder weniger. Aber das ist auch nicht entscheidend. Wesentlich ist vielleicht folgender Gedanke: Es ist die Zeit der Gesundung, des Heilwerdens – und von daher ist es nützliche, wohltuende, hilfreiche Zeit. Man kann sie nicht verkürzen. Man sollte sie einfach austragen, so wie man ein Baby austrägt. Erschrecken Sie jetzt also nicht vor den acht Monaten oder wie lange Sie brauchen. Sie werden *Ihre* Zeit brauchen und sie wird Ihnen in jeder Hinsicht zugutekommen. Und das dürfen Sie sich wert sein!

Und weil ich ahne, dass das jetzt doch vielleicht noch einen weiteren Seufzer in Ihrem Herz auslöst, deshalb möchte ich am Schluss dieses Buches noch zwei Dinge tun: Sie auf einen Felsen hinweisen und Sie an die Durchschauer Ihres Lebens erinnern.

Der Felsen

Vor Rügen, am nördlichsten Zipfel dieser schönen Insel, liegt ein riesiger Felsen in der Ostsee. Er heißt Gellort. Dieser mächtige Findling hält dort Jahr für Jahr die Brandung aus, das Salzwasser, den Wind, die Sonne, die Gäste, die auf ihm herumklettern. Gott ist für mich dieser Gellort gewesen in meinen Jahren der Veränderung. Fester Halt mitten in allem, was kam. Unumstößlicher Felsen voller Kraft. Für mich wäre es ohne ihn nicht gegangen. Frau braucht etwas zum Anlehnen. Das tut einfach gut. Veränderungen tun ja auch weh. Sie haben mit Loslassen und mit Trauern zu tun. Wie gut, dann einen an der Seite zu haben, der mich durch und durch kennt und versteht. Wie gut, einen an der Seite zu haben, der Ängste, Zweifel, Tränen und tiefen Kummer nicht nur aushält, sondern darauf eingeht. Natürlich ist es wunderschön, in solchen schweren Zeiten gute Freunde an der Seite zu haben oder einen Partner, der mitträgt. Aber diese lieben Menschen haben auch ihre Grenzen und können nicht über Gebühr beansprucht werden. Sie wären überfordert damit. Für Gott war es keine Überforderung, mich zu begleiten. Er hat das gut ausgehalten. Er kann auch Sie gut aushalten. Wir werden ihm nicht zu schwer oder lästig. Niemals.

Frühjahr 2002. Wieder einer der Tage, an dem ich meinen Felsen deutlich spüren konnte. Ich sitze wenige Wochen nach unserem Umzug nach Marburg am Kaffeetisch bei einer Frau, von der ich damals hoffte, sie möge doch meine Freundin werden. Wie nebenbei fiel mein Blick auf einen Kalender, der dort stand. Und das, was ich las, traf mich wie ein Blitz: *„Ich habe gelernt, dass Jesus all die verstreuten Teile meiner Identität zusammenfügen und mich zu einer heilen, erfüllten Frau machen kann."*

Das war der Spruch für mich!!! „Hast du mal einen Stift und einen Zettel?", habe ich Sarah gefragt, die Frau, bei der ich Kaffee trank und die nun meine Freundin ist. Und dann habe ich mir dieses Zitat aufgeschrieben und die nächsten Jahre damit gelebt, gehofft, gerungen, gefragt, probiert, mich gefreut, gebetet, gewartet. Das war mein Weg.

Dieser heilende, zusammenfügende Gott ist nicht nur an mir so liebevoll interessiert, sondern auch an Ihnen. Sie können sich bei ihm melden, egal was vorher zwischen

Ihnen und „Gellort" stattgefunden hat. Selbst wenn es nur eisiges Schweigen war. Er wird hören und darauf eingehen.

Die „Durchschauer"

Nun zu den Durchschauern unseres Lebens. Das sind die Menschen in unserem Leben, die uns nicht für verrückt erklären, wenn wir meinen, uns ändern zu müssen. Das sind die Menschen, die an uns glauben, die uns ermutigen, uns unterstützen. Das sind die, die schon lange sehen, was schön an uns ist (obwohl wir das bisher nicht sehen konnten) oder dass wir das Zeug zum Fernstudium haben (obwohl das eine Menge Organisation erfordert). Die sehen, dass wir sehr wohl noch mit 45+ heiraten können (obwohl wir uns immer für eheuntauglich hielten) oder gar ein Kind adoptieren können (obwohl wir kein leibliches Kind bekommen konnten). Oder unsere Durchschauer trauen uns gar zu, dass wir unseren Krankheiten auf die Spur kommen (obwohl wir uns selbst eigentlich immer nur krank kennen). Oder. Oder. Oder.

Die Durchschauer unseres Lebens, das sind die, die ahnen, was alles in uns steckt. Die uns bereits viel mehr zutrauen, als wir uns selbst. Das sind die, die sich über jeden kleinen Schritt in unserem Leben mitfreuen werden. Die uns Ermutigendes sagen, per Mail oder Telefon oder ins Ohr geflüstert, mit einem Blumentopf vor der Tür oder einem liebevollen Zuzwinkerer zwischendurch. Unsere Durchschauer werden unsere Rückschläge mittragen und gleichzeitig mit uns nach vorne schauen.

Ich habe diese Durchschauer in meinem Leben. Und ich bin unendlich dankbar für sie. Viele dieser mutigen Frauen in diesem Buch haben ihre Durchschauer. Das ist gewachsen oder hat sich so ergeben, weil sie, die Frauen, selbst offen waren und sich verletzlich gemacht haben. Und andere Frauen haben diese Offenheit dann als Geschenk empfunden und mit ihrer Begleitung darauf geantwortet.

Manchmal wurde es auch bewusst angestrebt, eine Durchschauerin an der eigenen Seite zu haben. Es hat sich nicht einfach so ergeben, sondern eine Frau hat allen Mut zusammengenommen und gefragt. Und erfreulicherweise hat die andere Frau vielleicht geantwortet: „Du, ich will das gern machen, ich will dich gern ein Stück begleiten." Mehr als ein Nein kann man auf so eine Frage nicht ernten. Und, wie gesagt, vielleicht bekommen wir ein Ja zu hören! Wer fragt, kann gewinnen!

Auch in Ihrem Lebenskreis sind Durchschauer! Vielleicht ist Ihnen eben schon ein Name eingefallen. Sie können einfach das Miteinander mit diesem Menschen pflegen. Da kann sich noch ganz viel entwickeln. Sie stehen nicht allein und das ist gut so.

Frauen können sich also ändern. Aber es gilt auch das andere: **Frauen können verändert werden!**

Ja, es sind vielleicht einige mutige Schritte von Ihnen nötig. Bei mir jedenfalls war es so. Aber ich habe auf der Reise zu mir auch die Erfahrung gemacht, dass ich *verändert werde*, dass also Dinge an mir passieren, die nicht meinem Eifer, meinem Wollen, meinen Bestrebungen zu verdanken sind. Da sind die Dinge, die *gewachsen* sind.

Wir haben es ja hier mit einem Reifungsprozess zu tun. Und das ist so wohltuend und entlastend zu erleben: Wenn wir eine Bereitschaft entwickeln, persönlich wachsen zu wollen, wenn wir gar eine vertrauenswürdige Gesprächspartnerin für diesen Weg suchen, dann werden Dinge in uns wachsen!

Die sind nicht planbar und nicht vorhersehbar. Aber Sie werden das spüren. Vielleicht löst sich ein Konflikt in Ihrem Leben.

Vielleicht ist eine innere Kraft irgendwann vorhanden für schwere Auseinandersetzungen,

vielleicht gewinnen Sie Ihre Periode zurück

oder Sie können endlich doch schwanger werden.

Vielleicht erleben Sie eine späte Liebe

oder eine Erneuerung Ihrer Gefühle zum Partner, die Sie für unmöglich gehalten hätten.

Vielleicht sind irgendwelche Unmöglichkeiten für Sie plötzlich verändert oder verschwunden, sodass Sie anders denken und leben können.

Vielleicht werden Sie fähig zur Ruhe, obwohl Sie eine hastende Frau waren.

Oder Sie werden aktiv in Ihrer Umgebung und Ihre Hemmungen sind wie weggefegt.

Vielleicht verändern sich Ihre Lebensängste

… und irgendwann blicken Sie auf diese zurück, voller Verwunderung darüber, was sich da alles getan hat.

Es gibt viele unterschiedliche Dinge in unserem Leben, die wachsen können und zu denen außer unserer Bereitschaft nichts nötig ist. Wie wohltuend, wie entlastend, wie beglückend!

Mitunter können wir Frauen das gar nicht auf Anhieb glauben. Zu tief sitzt in manchen von uns das Denken, dass man sich alles, aber auch alles im Leben schwer erarbeiten muss. Aber so ist es nicht. So war es nicht, als wir geboren wurden, und so ist es auch nicht in vielem, was in uns reifen und wachsen kann.

Pflanzen sind mir immer ein großes Vorbild: Erst gestern habe ich Unkraut in unserem Erdbeerbeet entfernt. Während ich das tat, konnte ich die kleinen, zarten Früchte betrachten, die sich dort nach und nach entwickeln. Die reifen einfach so vor sich hin, ganz einfach deshalb, weil das ihre Bestimmung ist.

Sind wir also gespannt auf das, was sich in uns verändern wird!

Wir können zuversichtlich sein, dass in uns das wächst, was angelegt ist.

Wagen wir Vertrauen!

Ganz zum Schluss erinnere ich Sie noch mal an Ihr eigenes Potenzial. Sie sind eine Frau. **Geliebt, gewollt, gut ausgedacht.** In Ihnen stecken so viele Möglichkeiten! Wenn Sie sich dessen noch nicht so bewusst sein sollten, dann denken Sie an die vielen anderen, die ich Ihnen vorgestellt habe. Sie sind eine von diesen! Nicht mehr und nicht weniger.

Wir sind Frauen, die versöhnt mit dem eigenen Körper leben können.

Wir sind Frauen, die geben können.

Und wir sind Frauen, die mit offenem und unabhängigem Herzen leben können.

Auf dem Weg dorthin werden wir beides brauchen: unseren Einsatz, um das zu ändern, was in unserer Hand ist, und unsere Bereitschaft, um das zu empfangen, was nicht in unserer Macht liegt.

So … Nun haben wir jede Menge Gedanken miteinander geteilt, uns zwischendurch mit Pausen und dem einen oder andern Getränk erfrischt. Zum Schluss noch ein Zitat? Sie haben es schon einmal gelesen:

„Vor jedem steht ein Bild des, was er werden soll;
solang er das nicht ist, ist nicht sein Friede voll.“
(Angelus Silesius, 1624–1677)

Ich wünsche Ihnen, liebe Leserin, dass Sie in vollem Frieden
mit sich selbst sein können.

Und das mitten in Ihrer Aufbruchstimmung.

Literaturverzeichnis

Berger, Jörg: Lebensziel Berufung. Den eigenen Weg finden in einer Welt der Beliebigkeit, Francke Verlag, Marburg 2006

Biddulph, Steve: Jungen! Wie sie glücklich heranwachsen, Beust Verlag, München 2000

Bierbaum, Marieluise: Mütter und Töchter. Eigenständig leben und einander nahe sein, Brunnen Verlag, Gießen 2003

Cardinal, Marie: Schattenmund, Rowohlt Verlag, Reinbek bei Hamburg 2001

Caron, Ann F.: Töchter werden junge Frauen, Goldmann Verlag, München 1995

Deichgräber, Reinhard: Stufen des Glaubens – Stufen des Lebens, Brunnen Verlag, Gießen 1999

Eggers, Ulrich (Hrsg.): Aufstellkalender: Gelassen durch den Tag, Brockhaus Verlag, Wuppertal 2000

Eldredge, Stacy und John: Weißt du nicht, wie schön du bist? Was passiert, wenn Frauen das Geheimnis ihres Herzens entdecken, Brunnen Verlag, Gießen 2007

Erikson, Erik H.: Identität und Lebenszyklus, Suhrkamp Verlag, Frankfurt am Main 1973

Gemeindeliederbuch, Bundes Verlag und Oncken Verlag; Witten, Wuppertal und Kassel 1978

Guardini, Romano: Die Lebensalter, ihre ethische und pädagogische Bedeutung; Matthias-Grünewald-Verlag, Mainz 2001, erste Auflage 1953

Grün, Anselm: Lebensmitte als geistliche Aufgabe, Vier-Türme-Verlag, Münsterschwarzach 2005

Hoffnung für alle – Die Bibel, Brunnen Verlag, Basel 2003

Kawohl, Marianne: Hausarbeit mit Heiligenschein – biblische Dimensionen der Hausarbeit, Brunnen Verlag, Gießen 1988

Kast, Verena: Trotz allem Ich. Gefühle des Selbstwerts und die Erfahrung von Identität, Herder Verlag, Freiburg im Breisgau 2007

Lobe, Mira: Das kleine Ich bin ich, Jungbrunnen Verlag, Wien München 1972

Louf, André / Dufner, Meinrad: Geistliche Vaterschaft, Vier-Türme-Verlag, Münsterschwarzach 1984

MacDonald, Gordon: Getragen vom Segen Gottes, Brockhaus Verlag, Wuppertal 2000

Mahler, Margaret S. / Pine, Fred / Bergmann, Anni: Die psychische Geburt des Menschen. Symbiose und Individuation, Fischer Verlag, Frankfurt am Main 2008, erste Auflage 1980

Pfeiffer, Samuel: Psychosomatik – Wie können wir die Sprache des Körpers verstehen?, Brunnen Verlag Basel 2005

Rogge, Jan-Uwe: Pubertät. Loslassen und Haltgeben, Rowohlt Verlag, Reinbek bei Hamburg 2008

Schilling, Birgit: Berufung finden und leben. Lebensplanung für Frauen, Brockhaus Verlag, Wuppertal 2007

Stübner, Gisela: Auf dem Weg zu mir. Identität: Wie ich mein Potenzial entfalte, Brunnen Verlag, Gießen 2007

Tournier, Paul: Rückkehr zum Weiblichen, Herder Verlag, Freiburg im Breisgau 1981